KB009796

**K 배터리 레볼루션**

# K 배터리 레볼루션

향후 3년, 새로운 부의 시장에서 승자가 되는 법

K
BATTERY
REVOLUTION

박순혁 지음

지와인

# 추천의 말

언론으로부터 얻는 정보로는 알 수 없었던 내용에 대해
이제 확실한 그림을 그릴 수 있게 되었습니다.　　　　　　　— 〈달란트투자〉, 김**

박순혁 이사님, 말씀 너무 재미있게 하시고 어려운 기술도 쉽게 이야기하십니다.
과탐 인강하셔도 일타강사 하시겠어요.　　　　　　　　　— 〈달란트투자〉, Do**

방송을 볼 때마다 느끼는데 처음부터 끝까지 매번 팩트를 가지고 굴하지 않고
이야기하시는 걸 보면 대단한 내공·연륜·철학·신념을 가지고 계십니다.
제 마음을 후벼팝니다.　　　　　　　　　　　　　　　　— 〈머니랩〉, 방**

다른 이차전지 산업 분석은 거릅니다. 박 이사님 말씀이 정확합니다.
1년 전부터 계속 추적 관찰해보니 박 이사님 말이 팩트였습니다.　　— 〈머니랩〉, n**

이렇게 명확히 잘 설명해주시는 분은 처음입니다. 정확하고 현실적인 내용을
깔끔하게 정리해주셔서 진심으로 감사합니다.　　　　　　— 〈삼프로TV〉, 은***

K 배터리와 세계의 상황을 잘 정리한 최고의 강의입니다.　　— 〈삼프로TV〉, 전**

박순혁 님, 진심으로 응원합니다. 왜냐하면 하시는 말씀들이
데이터를 근거로 한 명확한 판단에 기인하기 때문입니다.　　— 〈서정덕TV〉, 확*

4년 뒤면 칠순을 바라봅니다. 노후 대책으로 어떻게 조금씩 모아 장기투자를 할까
고민했는데 이사님 덕분에 결정할 수 있었습니다.          ―〈서정덕TV〉, 유**

밧데리 아저씨가 있어서 정말 다행입니다.
어두운 바다에 제대로 된 등대 같은 분입니다.          ―〈선대인TV〉, 유**

이사님 말씀 듣고 58% 마이너스 주식들 손절하고 이차전지에 투자했습니다.
                                                              ―〈선대인TV〉, 씨*

좋은 주식이 어떤 주식인지 자세히 알려주는 밧데리 아저씨 박순혁!
투자의 진정한 멘토입니다.          ―〈웅달책방〉, 김**

박순혁 이사님의 강의는 늘 진정성이 있어 공부하는 데 많은 도움이 됩니다.
                                                              ―〈웅달책방〉, 박**

박 이사님 마인드가 바로 돈이네요. 감사합니다.          ―〈815머니톡〉, m***

술수와 협잡이 난무하는 이 나라 주식 판에서 팩트에 입각한
이차전지의 실상을 일깨워주신 박 이사님, 감사합니다.          ―〈815머니톡〉, K**

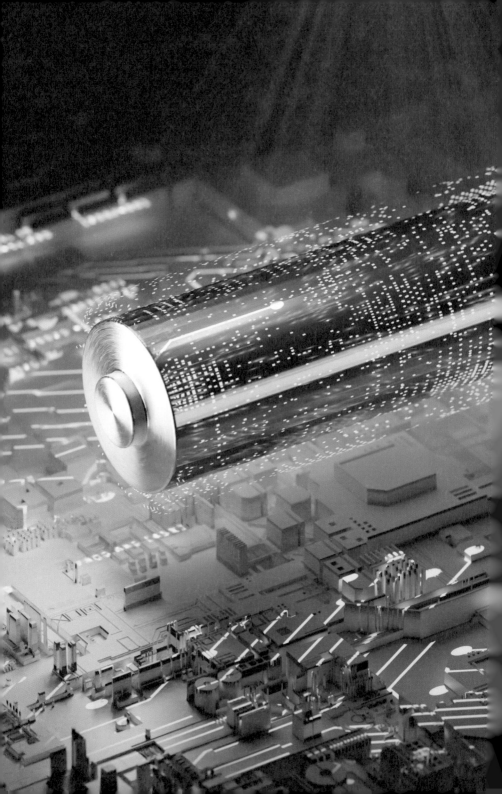

# 새로운 부의 시장에서
# 승자가 되는 법

2022년 가을 무렵, 한 기자분이 텔레그램에 돌고 있는 거라며 '아시아 3대 성인'이라는 짤을 보내주셨습니다. 유진투자증권 강영현 이사와 한 미국계 중국인, 그리고 제가 개미 투자자들을 지켜준 사람이라는 의미를 담고 있는 우스개 짤이었습니다.

2022년 연말에서 연초까지, 그간 소위 여의도 전문가들이 입에 침이 마르도록 칭찬하던 테슬라 주가가 급락했습니다. 12월 한 달만 거의 40% 수준, 2021년 11월 고점 대비로는 70% 이상 떨어졌습니다. 다들 테슬라에 대해 열광하고 있을 때, 저는 유튜브 등을 통해 2022년 5월쯤부터 계속해서 테슬라에 대해 조심해야 한다는 경고를 했었습니다.

2022년 한 해, 증시가 정말 안 좋았습니다. 그런 상황에서도 '밧데리 아저씨가 픽한 8종목'은 양호한 성과를 나타냈다는 증언들이 여기저기 올라왔습니다. 같은 이차전지 관련 주식이라도 분리막, 동박, 음극재 등은 반토막 나는 주식이 많은 와중에 배터리 회사인 LG에너지솔루션, 양극재 회사인 포스코케미칼, 원재료를 담당하는 에코프로 등 제가 좋게 말씀드렸던 주식은 오히려 많이 올랐기 때문입니다. 그러다 보니 많은 사람들이 어떻게 이렇게 족집게처럼 맞추는지 놀라워하곤 합니다.

그 이유는 별것 아닙니다. 제겐 '사심과 편견'이 없기 때문입니다. 색안경을 벗고 K 배터리 산업의 있는 그대로의 모습을 제대로 들여다보면 누구나 저와 같은 결론에 도달할 수 있었을 것입니다. 특정 주식이나 특정 펀드를 마케팅 하려는 사심, 우리 것은 함부로 업신여기고 외국의 기업을 이유 없이 더 높게 평가하는 편견 같은 것들이 저에게는 없었을 뿐입니다. 그런 사심과 편견은 우리의 눈을 가려서, 향후 한국 경제를 이끌 두 번째 동력인 K 배터리 산업의 기술력과 경쟁력, 올 수밖에 없는 정해진 밝은 미래를 제대로 보지 못하게 합니다.


제가 어떻게 K 배터리 산업의 전도사가 되었을까요. 제 첫 직장은 대한투자신탁이었습니다. 지금은 하나은행에 인수되어 하나증권으로 이름이 바뀌었는데, 1995년 입사할 당시만 해도 한

국투자신탁과 함께 양대 투자신탁으로 대한민국 증권 시장을 쥐락펴락했었습니다. 대한투자신탁에서 뉴 밀레니엄이 시작될 무렵 애널리스트 생활을 시작했습니다.

최근 크게 화제가 된 드라마 〈재벌집 막내아들〉에 나온 사례, 1년도 안 된 기간에 150배가 오른 '뉴 데이터 테크놀로지'의 실제 모델인 '새롬 기술' 등 코스닥 업체들이 당시 제가 담당한 업종이었습니다. '닷컴 버블'이 화려하게 펼쳐졌다 거짓말처럼 사라진 그 역사의 현장 한복판에 서 있었던 셈입니다. 이후 벤처투자팀, 고유재산팀에서 3,500억 원 규모의 자금을 운용하는 실무를 맡았고, 지점 PB, 자문사 운용본부장 등 거의 30여 년 가까이 여의도 밥을 먹고 살았습니다.

그러다가 2022년 1월부터 금양 류광지 회장님의 요청으로 금양의 IR과 홍보 업무를 맡게 되었습니다. 류 회장님은 대구 출신의 기업가이신데, 금양이 앞으로 이차전지, 수소 등 신사업 분야로 진출하기 위해서는 시장과의 소통이 중요하다고 생각하셨고, 제가 여의도 경력이 오래되다 보니 적격자라고 생각하셨던 것 같습니다. 제게 IR 업무를 맡기시며 강조한 것은 '소통'입니다. 그간 기업이 어려움에 처했을 때마다 그 위기를 극복하고 글로벌 최고의 발포제 회사로 성장하기까지, 가장 중요했던 성공 요인이 '소통'이라고 자주 말씀하셨습니다.

애널리스트로 일할 때 늘 기업의 IR 관련 소통이 부족하다는 생각을 했었습니다. '코리아 디스카운트'라는 말을 아실 겁니다. 우리나라 기업의 주가가 비슷한 수준의 외국 기업의 주가에 비해 낮게 형성되어 있는 걸 말합니다. 남북관계로 인한 불안, 기업의 지배구조 및 회계의 불투명성 등이 그 요인으로 꼽힙니다.

그것만 이유가 아닙니다. 여의도 사람들이 늘 안타까워하는 부분인데 '기업과 시장 간의 소통 부재'도 중요한 이유 중 하나라고 생각합니다. 미국은 투자자와의 소통Investor Relation에 정말 적극적입니다.

분기마다 한 번씩 하는 분기 실적 컨퍼런스 콜은 대부분 CEO가 직접 주관합니다. 애플의 팀 쿡, 테슬라의 일론 머스크 등이 직접 투자자들 앞에서 프리젠테이션을 하고 투자자들의 질문에 직접 대답합니다. 기업의 과거, 현재, 미래에 대한 다양하고 상세한 자료를 투자자에게 솔직하게 제공합니다. 이에 비해 우리나라의 IR은 솔직히 너무나 부족합니다. 그런 문제의식이 있던 차에 금양의 IR을 맡게 되었고, 최고경영자부터 조직 전체가 소통의 중요성을 너무나 잘 알고 있기에, 저는 아주 적극적이고 주체적으로 IR을 할 수 있는 환경을 갖게 되었습니다.

'진실, 성실, 절실' 이 세 가지가 금양 IR팀의 모토입니다. 이 모토는 한 기업 홍보팀의 모토만이 아니라, 대한민국 기업의 가치가 성장하고 좋은 투자로 선순환 구조를 만들 수 있는 모토라 생각합니다. 기업이 투자자들에게 거짓말하지 않고 진실하게 정보를 알려드리고, 투자자들이 만족할 만큼의 정보를 성실히 제공할 뿐만 아니라, 무엇보다 누가 봐도 우리 회사의 정보가 제대로 쉽게 잘 전달될 수 있게 하는 것도 중요합니다.

이를 위해 절실하게 노력했습니다. 다행히도 이런 저희의 노력을 좋게 평가해주신 것 같습니다. 이 자리를 빌어 저희 IR팀을 전폭적으로 지원해주시는 회장님 이하 구성원 모두, 주주 및 투자자 여러분께 깊은 감사의 말씀을 드립니다.

제 개인적인 이야기를 드린 것 같지만, 이것이 제가 일명 '밧데리 아저씨'가 되어 K 배터리 산업 전반에 대한 진실을 이야기하는 일에 나서게 된 가장 큰 요인이었습니다. IR을 잘하기 위해서는 우선 그 기업과 그 기업이 속한 산업을 제대로 이해하는 게 우선이 아닐까요.

그래서 저에게도 생소했던 이차전지 산업을 열심히 공부했습니다. 금양의 사업 영역이 배터리부터 리튬 등 원자재, 이차전지 산업 전반에 걸쳐 있다 보니 현장이 변화하는 모습을 바로 눈앞에서 생생하게 볼 수 있었습니다. 또한 화학 박사인 류 회장님과 기술진 여러분들이 제가 모르는 부분이 있을 때마다 '홍보팀이 뭘 그런 것까지 알려고 하냐'라고 하지 않고 도리어 제가 더 공부를 할 수밖에 없게끔 친절하고 자세히 알려주셨습니다.

그렇게 이차전지 산업에 대한 이해가 높아가던 저와 달리, 여의도에는 이차전지 산업에 대해 심각한 오해들이 많았습니다. 미국의 테슬라가 곧 4680 원통형 배터리 개발에 성공해서 배터리 시장을 제패할 것이라든지, 중국의 CATL이 세계 최고의 배터리 회사이며 K 배터리 회사들을 압도하고 있다든지, 자동차 회사들이 곧 배터리 내재화에 성공해서 K 배터리 회사들은 곧 하청업체 따위로 전락할 거라든지. 이런 말도 안 되는 이야기가 불과 1년 전만 해도 여의도 전역에 널리 퍼져 있었습니다. 산업계와 투자시장 사이에 정말 엄청난 간극이 있는 상태였습니다.

한 기업의 성장은 산업계 전체의 성장, 국가 경제 전체의 성장, 또 수많은 투자자들의 지원과 밀접한 관련이 있습니다. 이를 위해서는 이 간극을 줄이는 일이 중요합니다. 마침 산업과 투자 시장 양쪽을 다 알고 있는 제가 이 간극을 좁힐 수 있는 최적의 위치에 있지 않을까 생각하게 되었고, 다양한 방송, 유튜브, 기고 등의 활동을 통해 한국 배터리 산업의 본 모습과 위상을 제대로 알리는 데 나섰습니다. 정말 열심히 뛰었고, 무엇이든 주저하지 않았습니다. 다행히 그 결과가 좋은 방향으로 나온 것 같습니다. 그것이 '밧데리 아저씨'라는 별명, '아시아 3대 성인'이라는 짤로 나타나는 것 같습니다. 정말 감사한 일입니다.

하지만 여전히 여의도 일각에서는 잘못된 믿음에 대한 미련을 버리지 못하는 분들이 많습니다. 테슬라, CATL, BYD 등을 찬양하고 K 배터리의 경쟁력을 의심하는 말을 듣습니다. 그런데 이 잘못된 오해는 오히려 제대로 이해하는 사람들 앞에는 '황금의 기회'가 놓여 있다는 것과 마찬가지라는 이야기가 됩니다.

아무리 훌륭한 주식이라도 이미 그 가치가 주가에 다 반영되어 있으면 투자를 통해 얻을 수 있는 수익은 그렇게 많지 않습니다. 그런데 일각의 부정적인 시각 때문에 그 훌륭한 주식이 여전히 저렴하게 평가되어 있으니, 누군가에게는 너무나 다행스러운 일입니다.

배터리는 인류의 또 다른 산업혁명을 이끄는 핵심입니다. 지구온난화에 따른 세계적 기후위기는 전 인류가 당면한 시급히 해결해야만 하는 과제입니다. 이를 위해 EU, 미국 등 선진국을 주도로 각국 경제가 탄소제로 사회를 목표로 나아가고 있습니다. 경제 규모가 큰 나라일수록 속도를 내게 될 것입니다.

신재생에너지 산업 등이 성장하는 데도 배터리 기술이 핵심이지만, 가장 큰 덩치는 바로 내연기관차의 전기차 전환입니다. 이는 거스를 수 없는 대세입니다. 2022년 7월 EU에서는 일부 회원국과 기업들의 반대에도 불구하고 2035년까지 내연기관차 판매를 전면 금지하는 법안을 통과시켰습니다. 이제 좋든 싫든 전기차로의 전환은 강제된 미래입니다.

전기차 전환이 향후 10년을 주도할 글로벌 트렌드라는 사실은 이미 결정되어 있습니다. 그 전기차의 심장이 배터리이고, 그 배터리 산업에서 세계 최고의 기술력과 경쟁력을 바로 K 배터리가 가지고 있습니다. 이런 K 배터리의 성장에 동업자로 참여하여 그 성장의 열매를 같이 누릴 절호의 기회가 바로 우리 앞에 놓여 있습니다.

코로나 유동성 급증 이후의 반동, 극심한 인플레이션, 우크라이나-러시아 전쟁 등으로 인한 공급망 교란 등으로 세계 경제가 어려울 것은 분명합니다. 우리나라도 급증한 가계부채 등으로 인해 경제 한파가 예상됩니다. 투자자들이 불안해하는 것도 당연합니다.

그런 불확실의 시대이기 때문에 더욱 '정해진 부'에 투자해야 합니다. K 배터리 주식이 지금 당장 일확천금을 주지는 않습니다. 그리고 그런 투자는 없습니다. 그러나 단언컨대 더 늦기 전에 K 배터리에 투자하는 것이, 이토록 불확실한 시대에 기회를 얻는 최선의 방법입니다. 최소 3~4년 동안 아무것도 하지 말고 가만히 있으면 됩니다. 그러면 K 배터리 기업들이 열심히 일해서 당신에게 부를 안겨줄 것입니다.

새로운 부의 시장에서 성공하는 본질적인 방법은 그 시장의 동업자가 되는 것입니다. 실력 있고 믿음직한 기업에게 투자하고 충분한 시간을 주면, 훌륭한 성과가 돌아오게 되어 있는 거의 유일한 산업이 바로 배터리 산업입니다.

이 책은 진실, 성실, 절실의 모토로 쓴 미래의 부에 대한 안내서입니다. 반도체 산업이 대한민국을 세계적 경제대국으로 이끄는 한쪽의 바퀴라면, 배터리 산업이 이제 다른 쪽의 바퀴가 될 것입니다. 이 예측은 근거 없는 기대가 아니라, 이미 수십 년 동안 최고의 기술력을 쌓아온 K 배터리 산업의 종사자들이 피땀 어린 노력으로 만들어놓은 분명한 사실입니다. K 배터리와 함께 당신의 부가 동반 성장하기를 진심으로 기원합니다.

2023년 2월, 박순혁 드림

# 차례

# 배터리 산업, 이것만 알면 반은 먹고 들어간다

바야흐로 전기차의 시대다. 도로에서 테슬라 모델3, 현대차 아이오닉5, 기아 EV6 등 전기차를 쉽게 볼 수 있다. 많은 이들이 다음에 차를 산다면 전기차를 산다고 한다. 이런 현상은 최근 몇 년 동안 일어나고 있다. 그러다 보니 당연히 전기차가 최근에 등장한 것으로 생각하는 사람들이 많다. 사실은 그렇지 않다. 전기차의 역사는 내연기관차의 역사보다 오히려 더 오래되었다. 그리고 이 사실을 명확히 인식하는 것이 배터리, 이차전지 산업을 이해하는 출발점이 되어야 한다.

## ⚡ 인류에게 전기차가 먼저였다

스코틀랜드의 발명가 로버트 앤더슨이 최초의 전기차 '원유전기마차crude electric carriage'를 발명한 때가 1834년이다. 이는 독일의 니콜라우스 오토가 1864년 최초의 내연기관을 발명한 것보다도 무려 30여 년이나 앞선 일이다. 상용화가 먼저 시작된 것도 전기차였다. 1881년 파리 국제전기박람회에서 구스타프 트루베가 삼륜전기자동차를 내놓았고 이는 대중의 주목을 끌었다. 당시 내연기관차는 차 밖에서 크랭크를 돌려서 시동을 걸어야 했다. 전기차는 이런 불편함이 없었기에 상류층 여성 고객들이 주요 소비자였고, 이에 '마담madame들의 차'로 불렸다. 당시 전기차의 가격은 1,000달러 정도였다.

이어 독일에서 전기차 포르셰P1이 개발되었다. 이 자동차는 최고 시속 35 km로 한 번 충전에 80 km를 달릴 수 있었다. 이후 1897년에는 뉴욕에서 전기택시 공급이 시작되었고 1900년 당시 뉴욕에만 2,000여 대, 미국 전역에서 한때 3만여 대 이상의 전기차가 운행되었다. 프랑스에서는 전기자동차를 소방차로 사용하기도 했다.

잘나가던 전기차 시대를 끝낸 사람이 바로 '자동차 왕' 헨리 포드다. 1908년 헨리 포드가 컨베이어벨트를 이용한 대량 생산 방식으로 모델T형 차를 내놓으면서 자동차 산업에 일대 혁명을 가져온다. 헨리 포드에 의해 내연기관차의 가격이 내려가고, 여기에 1920년대 텍사스에서 대형유전이 개발되면서 가솔린 가격마저 저렴해지자 전기차는 급속히 경쟁력을 잃게 된다.

당시의 전기차 충전은 느리고 불편했다. 충전소 숫자도 적었거니와 현재와 같은 급속충전 기술 등이 전혀 없었기 때문에 하

1834년 스코틀랜드 로버트 앤더슨이 개발한 최초의 전기차, 원유전기마차

루 종일 충전해도 80 km 정도밖에 갈 수 없었다. 여기에 무거운 배터리 중량, 내연기관차 대비 월등히 비싼 가격 등의 단점이 부각되면서 전기차는 내연기관차와의 경쟁에서 패배했고, 이후 100여 년 동안 무대 뒤로 밀려나게 된다.

요점은 이것이다. 전기차는 오래전부터 존재했다. 전기차가 역사에서 일시적으로 사라졌던 것은 전기차를 만드는 기술이 없어서가 아니라 배터리 기술이 발전하지 못했기 때문이다. 오늘날 다시금 전기차가 대세가 된 것은 테슬라와 같은 기업이 전기차를 잘 만들어서가 아니라 LG에너지솔루션, 에코프로비엠과 같은 K 배터리 업체들이 배터리 기술을 비약적으로 발전시킨 덕분이다. 전기차만이 아니라 스마트폰, 노트북, 재생에너지 산업에 이르기까지 언제나 가장 중요한 것은 배터리다.

> **배터리와 이차전지**
>
> 물리적 혹은 화학적 반응으로 에너지를 발생시키는 장치 일반을 전지電池라 한다. 이를 다시 충전 불가능한 일차전지와 충전 가능하고 반복하여 사용할 수 있는 이차전지二次電池, secondary cell로 나눈다. 전지를 영어로 배터리battery라 하는데, 좁게는 전기를 저장하여 사용할 수 있는 축전지storage battery를 가리키는 용어로 쓰인다. 때문에 일회성인 건전지는 배터리로 구분하지 않는 경우가 많다. 이 책에서 배터리와 이차전지는 같은 용어로 사용한다.

## ⚡ 혁명의 시대를 연 건 테슬라가 아니다

2021년 세계 전기자동차 판매량은 677만 대였다. 이는 2020년에 비해 두 배가 성장한 수치였다. 그러나 전체 자동차 시장에서의 점유율은 8.8%였다. 전기차 대중화는 훨씬 더 빠른 속도로 진행될 여지가 남아 있다. 그러나 커지는 전기차 산업에서 핵심은 자동차 회사가 아니다.

전기차는 누구나 만들 수 있다. 진짜 핵심은 바로 배터리다. 이 사실을 명심해야 한다. 내연기관차에서 가장 중요한 기술은 엔진이다. 세계적인 명차로 프리미엄을 톡톡히 누리고 있는 소위 독일 3사(벤츠, BMW, 아우디)가 가진 경쟁력의 원천은 그 긴 세월 동안 갈고닦아온 그들만의 엔진 기술이다. 그들이 만드는 엔진 안에는 수천 개의 부속품들이 정교하게 맞물려 돌아가며, 다른 자동차 제조사들이 도저히 범접할 수 없는 세계 최고 수준의 기술력을 뽐내고 있다.

그런데 전기차에는 그 엔진이 없다. 배터리와 모터만 있으면 모든 것이 해결되는 정말 단순한 구조여서 독일 3사의 엔진 기술이 일시에 무용지물이 되고 만다. 전기차 시대로 접어들면서 이제 자동차는 '개나 소나' 다 만들 수 있는 물건이 되고 말았다.

그러다 보니 내연기관차 시대를 이끌어온 '벤츠만의 엔진 기술'과 같은 전설적인 브랜드의 가치가 일거에 휴지 조각이 되고 만다. 내연기관차 시대에는 명함도 못 내밀던 중국이 BYD라든지 니오, 리오토, 샤오펑 같은 신생 전기차 브랜드로 세계 시장의 문을 두드리려 하고, 베트남의 빈그룹, 인도의 마힌드라그룹 같은 기업도 전기차 시장에 속속 합류하고 있다.

2022년 열린 LA 오토쇼에서 세계적인 완성차 기업들의 고성능 전기차 못지않게 눈길을 끈 차가 바로 베트남 빈그룹의 빈패스트였다. 빈그룹은 이 모델로 오토쇼 현장에서 미국 전기차 구독 서비스 업체인 오토노미로부터 2,500대 수주 계약을 따냈다.

국가별 경쟁만 거센 게 아니라, 한 나라 안에서도 전기차 시장의 경쟁은 치열하다. 미국은 테슬라를 필두로 전기차계의 페라리를 꿈꾸는 루시드, 세계 최초의 전기픽업트럭 R1T를 내놓은 리비안, 미국 전기버스 1위 업체 프로테라, 니콜라, 피스커, 로즈타운모터스 등 수많은 신생 스타트업들이 전기차 시장에 속속 뛰어들고 있다. 심지어는 자동차를 안 만들던 기업들도 뛰어든다. 대륙의 실수라 불리는 중국의 샤오미, 애플폰을 위탁 생산하는 대만의 폭스콘, 일본 전자 산업의 상징 소니, 그리고 구글과 애플까지. 원래 자동차와는 아무런 접점이 없던 회사들마저 속속 전기차 생산에 나서고 있다.

그 이유는 간단하다. 전기차는 만들기 쉽기 때문이다. 기술적 진입장벽이 너무나 낮다. 그렇다면 이 시장에서 누가 이기게 될까. 이런 특징을 가진 산업에서는 경쟁우위와 시장지배적 지위를 유지하기가 너무나도 어렵다. 이들 기업들의 주가가 요동칠 수밖에 없는 이유다.

이에 반해 배터리를 잘 만들기란 너무나 어렵다. 테슬라 등 다수의 전기차 제조사들이 호시탐탐 배터리 시장에 뛰어들 욕심을 내고 있으나, 아직까지 제대로 된 성과를 낸 전기차 제조 기업들은 없다. 단언컨대 앞으로도 그럴 것이다.

헨리 포드의 내연기관차가 등장하면서 '혁명'과도 같은 변화가 인류에게 찾아왔듯이, 바야흐로 전기차 혁명의 시대가 왔다. 그러나 이 시대를 연 것은 전기차 제조 기업들이 아니라 배터리 제조 기업들이다. 에너지 혁명의 시대에 투자의 대상으로 삼아야 할 것은 갈수록 경쟁이 심화될 수밖에 없는 전기차 제조사가 아니라 높은 진입장벽으로 보호받고 있는 배터리 산업의 글로벌 넘버원 회사들이다.

2010년대 초에도 아주 잠깐 '전기차 붐'이 불었었다. 미국의 오바마 대통령을 필두로 여러 국가의 정부에서 전기차 구매자에게 지금보다 훨씬 더 많은 보조금을 지급하는 등 전기차 보급 확대에 나서면서 전기차 시대가 활짝 열리는 듯했다. 그러나 곧 사그라들고 말았는데 그때도 결국 문제는 배터리 기술의 발전 부족 때문이었다.

이 당시 출시된 전기차는 GM 산하 쉐보레 볼트EV, 닛산 리프EV, 기아 니로EV 등이었는데, 이 차들을 구매해 약 2,000만 원가

2011년에 출시된 닛산의 전기차 리프

량의 정부 보조금을 받아도 여전히 내연기관차에 대비해 가격이 높았다. 게다가 1회 충전 주행거리가 150 km에도 못 미쳤다. 특히 겨울에는 1회 충전 시 100 km도 못 가는 데다 전기차 충전소가 너무나 부족했기 때문에 당시의 전기차 붐은 잠깐 반짝하다 사라지고 말았다.

최근에 도래한 전기차 혁명은 전기차 제조 기술이 아니라 배터리 기술의 발전 때문이다. 이제 전기차는 1회 충전 시 500 km 이상을 달릴 수 있다. 충전 시간도 짧아졌다. 그러면서도 전기차의 가격은 내연기관차 대비 경쟁력을 확보하고 있다. 배터리 기술이 소비자의 선택을 이끌어낼 정도로 높아지면서 전기차의 시대가 열리고 있다. 전기차 혁명의 시대를 연 공은 테슬라가 아니라 배터리 관련 업체들이고, 그중에서도 가장 선두에서 활약한 K 배터리 업체야말로 전기차 혁명 시대를 연 주역으로 대우받아 마땅하다.


## ⚡ 미래 산업의 핵심, 에너지밀도


배터리 산업은 과거의 반도체 산업 못지 않게 세계 경제의 판도를 좌우하게 될 것이다. 반도체 산업과 관련된 많은 내용들이 경제 상식이 되었듯이, 머지않아 이차전지 산업, 배터리 시장과 관련된 내용들을 어느 정도는 알아야 하는 시대가 올 것이다. 그러나 많은 이들이 배터리, 이차전지 산업을 이해하는 데 어려움을 겪는다. 이 산업과 시장에 대한 설명을 찾아보다가도 포기하고 만다. 그 이유 중 하나가 지나치게 복잡한 이론적 용어들에 장벽을 느끼기 때문이다. 일반 대중들이 이차전지 산업을 이해하기 위해선 다른 것은 모른다고 해도, 꼭 이해하고 넘어가야 할 한 가지가 있다. 바로 '에너지밀도energy density'이다.

에너지밀도라는 말을 많은 분들이 들어보았을 것이다. "한국의 NCM 배터리(리튬이온 배터리의 한 종류로 니켈, 망간, 코발트로 양극재를 만든 배터리)가 중국의 LFP 배터리(리튬인산철을 사용한 배터리)에 비해 값은 비싸지만 에너지밀도가 높아서 고급차에 적합하다" 등의 이야기 말이다. 그러나 정확하게 이해하는 사람은 많지 않다. 이차전지 산업에 대해 나름 전문성을 가지고 있다는 분들조차 에너지밀도에 대한 제대로 된 이해 없이 두루뭉술하게 말하는 경우를 종종 본다.

다른 이론적 용어들은 대충 알거나 몰라도 상관없지만, 에너지밀도라는 개념만은 명확히 이해하고 넘어가야 배터리 산업의 본 모습을 제대로 이해할 수 있다. 왜냐하면 '배터리 기술의 발전=에너지밀도의 향상'이고, 배터리 분야의 기술자들이 매일매일 평생에 걸쳐 하고 있는 일이 바로 이 에너지밀도를 높이기 위한 작업이기 때문이다. 에너지밀도야말로 배터리 기술의 궁극적 지향점이고 거의 모든 것이라 할 수 있을 만큼 중요하다.

에너지밀도는 단위 무게당 혹은 단위 부피당 저장된 에너지의 양을 의미한다. 즉 배터리 1kg 혹은 배터리 $1m^3$에 얼마만큼의 에너지를 저장할 수 있느냐 하는 것이다. 전기차용 이차전지에서는 부피보다 무게가 더 중요한 요소이기 때문에 에너지밀도란 통상 단위 무게당 저장 가능한 에너지를 의미한다.

중학교 물리 시간 때 뉴턴의 운동 법칙에 대해서 배웠을 것이다. 힘(F)은 질량(m)과 가속도(a)에 비례한다. F=ma라는 것이 뉴턴의 운동 제2법칙이다. 여기서 질량을 왼쪽으로 옮긴 F/m(힘/질량)가 바로 에너지밀도의 개념과 유사하다고 할 수 있다. 그리고 이는 a(가속도)를 결정짓는 요소라는 뜻이다. 가속도(a)는 자동차의 성능과 직결되는 요소다.

F(힘) = m(질량) × a(가속도)

에너지밀도 = F/m(에너지/질량) = a(가속도)

각 제조사에서 만드는 배터리 종류들의 성능을 비교하는 가장 중요한 기준이 바로 이 에너지밀도다. 현재 한국에서 생산되는 K 배터리의 주력 제품은 니켈 함량이 90% 수준에 이르는 NCMA(LG에너지솔루션 생산), NCM9(SK온 생산), Gen6(삼성SDI 생산)

NCMA 배터리와 LFP 배터리의 비교에서 보듯,
결국 에너지밀도가 높은 배터리를 만들어내는 기업이
세계 배터리 산업의 미래를 주도하게 된다.

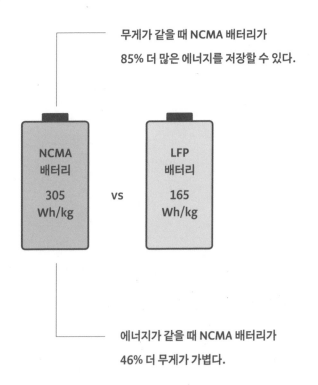

무게가 같을 때 NCMA 배터리가
85% 더 많은 에너지를 저장할 수 있다.

NCMA
배터리

305
Wh/kg

vs

LFP
배터리

165
Wh/kg

에너지가 같을 때 NCMA 배터리가
46% 더 무게가 가볍다.

등이다. 이 주력 배터리들의 에너지밀도는 305Wh/kg 수준이다. 이에 비해 중국의 주력 배터리인 LFP 배터리는 165Wh/kg의 에너지밀도를 갖고 있다.

NCMA 배터리와 LFP 배터리를 상호 비교하기 위해서는 분자혹은 분모를 동일하게 놓고 차이점을 파악하면 된다. 먼저 분모인 무게를 동일하게 놓았을 때 NCMA는 LFP 대비 85%의 에너지를 더 저장할 수 있다. 전기차 배터리에 저장된 에너지가 85%가 더 많으면, 이 에너지로 1회 충전 주행거리를 더 늘릴 수도 있고, 가속력을 더 빠르게 할 수도 있으며, 짐을 더 많이 실을 수도, 실내 공간을 더 크게 만들 수도 있는 등 다양하게 활용이 가능하다.

분자인 에너지를 동일 수치로 놓고 비교하면 NCMA는 LFP 대비 46% 더 가볍다. 배터리가 가벼워서 자동차가 가벼워지면 가속력이 좋아지고 에너지 효율이 향상되고 내구성도 좋아지는 등이 또한 여러 장점을 갖게 된다.

이렇듯 에너지밀도가 높은 배터리는 좋은 전기차를 만든다. 당연히 에너지밀도가 현저히 떨어지는 중국의 LFP 배터리는 K 배터리의 경쟁 상대가 될 수 없다. 정치적 이유로 밀어주는 중국 내에서만 사용되다 사라지게 될 것이라 예측하는 이유가 바로 여기에 있다.

최근에 언론 등에서 "에너지밀도는 좀 떨어지지만 가격이 저렴한 LFP 배터리가 K 배터리의 위협이 될 것이다" 등의 기사를 낸다. 과거에 비해 LFP 배터리가 약진하긴 하지만, 이는 중국의 전기차 시장이 세계에서 제일 빠르게 성장하기 때문에 발생하는 일일 뿐이다. 무엇보다 배터리 이론의 가장 기초를 망각하고 있는 한심한 이야기가 아닐 수 없다.

게다가 현재 만들어지는 배터리의 에너지밀도가 이론적 수치의 30%에도 미치지 못한다는 사실을 생각하면, 중국 LFP 배터리의 낮은 에너지밀도는 심각한 문제가 아닐 수 없다. 미국 에너지부는 '배터리 500' 프로젝트를 추진하고 있는데, 이는 배터리 질량당 에너지밀도를 500Wh/kg까지 높이는 것이다. 그만큼 배터리 기술에서 에너지밀도는 핵심이고, 이것이 배터리 경쟁력의 거의 모든 것이라는 사실을 반드시 이해하고 기억해둘 필요가 있다. 그래야 향후 쏟아지는 이차전지 산업, 전기차 산업과 관련된 정보들에 대해 최소한의 기준을 가지고 제대로 판단할 수 있기 때문이다.

## ⚡ 양극재만 기억하라

배터리의 중요성에 대한 이해가 커지면서 배터리를 만드는 데 필수적인 소재들에 대한 관심도 높아지고 있다. 얼마 전 영국의 전기차 배터리 소재 기업 넥세온이 한국에 사무소를 열었다는 등의 기사도 있었듯이, 이는 소재를 만드는 회사들에 대한 관심으로 이어진다.

이제 많은 이들이 이차전지의 4대 소재가 양극재, 음극재, 전해액, 분리막이란 사실을 알고 있다. 문제는 이 4대 소재를 마치 '태정태세문단세…'처럼 외우고만 있다는 것이다. 그러다 보니 4대 소재가 똑같은 정도의 중요성을 가지고 있는 것처럼 착각하게 되고, 그래서 "양극재 주식이 많이 올랐으니 팔고, 이젠 덜 오른 음극재나 전해액 또는 분리막 주식을 사라"는 식의 이야기가 떠돌아다니기도 한다. 명확하게 말하겠다. 이차전지 소재와 관련된 주식은 양극재 주식만 보시라. 그 이유는 다음과 같다.

① 전기차의 심장은 배터리, 배터리의 심장은 양극재다.
② 양극재 기술의 진입장벽이 엄청나게 높다.
③ 양극재가 배터리 원가의 50% 정도를 차지한다.
④ K 양극재 4대 업체의 90%급 하이니켈은 독보적 경쟁력을 가진다.

첫째, LG화학의 공식 유튜브 채널에 있는 한 동영상에 "전기차의 심장은 배터리, 배터리의 심장은 양극재"란 표현이 나온다. 이는 100% 정확한 표현이다. 배터리는 어떻게 작동할까. 배터리는 양극(플러스)과 음극(마이너스)이라는 두 전극이 양쪽에 있고, 그 사이에 전해질이 있다.

우리가 흔히 양극재라고 부르는 건 정확히 표현하면 '양극활물질'이다. 오늘날 이차전지의 핵심인 리튬이온 배터리를 보면, 양극활물질이 리튬이온을 가지고 있다가 배터리를 충전할 때 음극으로 리튬이온을 제공하는 역할을 한다. 즉, 리튬이온 배터리에서 에너지 저장의 수단이 바로 리튬이다. 이때 어떤 양극활물질을 사용하느냐에 따라 리튬이온을 저장할 수 있는 양, 즉 에너지양과 전압이 정해진다.

좋은 양극활물질을 사용하면 적은 무게와 부피로도 많은 에너지를 저장할 수 있게 된다. 앞에서 살펴본 전기차 성능에서 가장 중요한 에너지밀도를 결정짓는 핵심 요소가 바로 양극활물질이고, 그러다 보니 양극재가 바로 배터리 산업의 심장이 되는 것이다.

둘째, 배터리 산업의 여러 기술 중에서도 양극재 기술의 진입장벽이 가장 높다. 에코프로그룹의 이동채 회장에 의하면 에코프로비엠이 양극재 사업에 뛰어들어서 이익을 내기까지 10년 이상의 '지옥 같은 고난의 시간'이 소요됐다고 한다. 후발주자들이 양극재 사업에 뛰어들어 에코프로비엠만큼의 기술력을 따라잡으려면 거의 10년 정도의 기간이 소요될 것이다. 여기에 그 10년이란 시간 동안 에코프로비엠은 또 그만큼 앞설 테니 이 기술 격차를 따라잡기란 매우 어렵다.

이 높은 진입장벽으로 인해, 현재 최고의 기술력을 가진 양극재 업체가 향후 '기술의 초격차' 지위를 갖게 되는 것이다. 이차 전지 산업이 유망 산업으로 떠오르면서 많은 기업들이 관련 사업에 속속 뛰어들고 있다. 하지만 음극재, 전해액, 동박, 분리막 등의 분야에서 새롭게 진입하는 기업은 다수 존재하나, 양극재 사업에 신규로 뛰어드는 기업은 아주 드문 것이 바로 이런 이유 때문이다.

셋째, 현재 시세로 배터리 원가의 50%를 양극재가 차지한다. 양극재의 재료는 리튬, 니켈, 코발트, 망간 같은 금속들인데, 이런 금속들의 시세 변동에 양극재 납품 가격이 그대로 연동되는 구조다. 그래서 이런 금속들의 가격이 장기적으로 우상향 하면 그에 따라 양극재 업체들의 매출과 이익도 자연스레 따라 증가 하게 된다. 여기서 특히 중요한 것이 리튬이다. 전기차 시대가 도래함에 따라 리튬의 수요는 급증하고 있다.

리튬의 수요 급증은 오래전부터 예견되었다. 1970년대 전자시계용 소형 배터리에서 시작한 리튬이온 배터리가 없었다면 오늘날의 스마트폰, 노트북 컴퓨터도 불가능했다. 전기차만이 아니라 새로운 리튬의 수요처도 부각되고 있다. 특히 태양광 발전, 풍력 발전 등에 꼭 필요한 전기를 저장하는 장치인 ESS(Energy Storage System: 에너지 저장 장치)에도 리튬은 꼭 필요하다. 드론이나 소형 선박, 중소형 화물차 등에도 리튬이온 배터리 채택이 늘어나고 있다. 리튬이온 배터리는 우주 산업에서도 중요한 요소다. 국제

우주정거장에서 사용되던 니켈수소 배터리가 리튬이온 배터리로 대체되고 있다. 여기에 배터리의 전통적 수요처인 휴대폰, 노트북 등 IT제품 쪽에서의 리튬 수요 또한 꾸준히 증가 중이다. 이러다 보니 리튬의 수요는 점점 더 커질 수밖에 없는 실정이다. 반면에 신규 리튬광산 개발은 극히 부진하다.

이에 따라 지난 2년간 리튬의 가격이 10배 이상 올랐고, 앞으로도 가격 급등세는 꺾이지 않을 것으로 보인다. 이는 양극재 가격의 지속적 상승을 의미하고, 물량의 가파른 증가에다 가격의 상승세마저 가세하게 되면 양극재 업체들의 매출과 이익은 빠른 속도로 늘어날 수밖에 없다.

넷째, 90% 수준 하이니켈 양극재 기술을 가진 기업은 배터리 회사에 대해 갑의 위치에 있다. 전기차 배터리에 가장 많이 활용되는 양극재는 NCM(니켈, 코발트, 망간)이다. 이 양극재 구성 요소 중 값비싼 코발트의 비중을 줄여 만든 양극재를 '하이니켈high-nickel'이라고 한다. 90% 수준 하이니켈 양극재는 값도 싸고 품질도 뛰어나다.

당연히 배터리 회사들은 자신들의 배터리에 90% 수준의 하이니켈 양극재를 사용하고 싶어 한다. 문제는 90% 이상 수준의 하이니켈 양극재를 만들 수 있는 회사가 지금 세계적으로 딱 네 군데밖에 없다는 것이다. 에코프로비엠, LG화학, 엘앤에프, 포스코케미칼의 4대 대한민국 양극재 회사가 바로 그들이다.

리튬은 4차산업 핵심 광물 중 하나로 분류된다.
리튬 수요가 급증하면서 가격도 급상승하고 있다.
이에 리튬의 대체재를 찾으려는 노력이
이루어지고 있지만, 다른 배터리 소재와 달리 리튬은
대체재를 구하기 매우 어렵다.

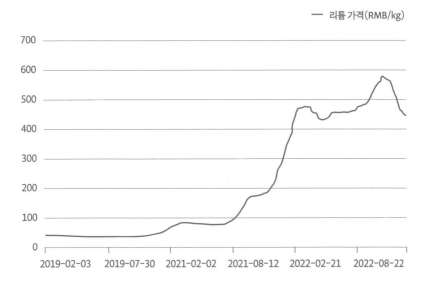

(출처: 한국자원정보서비스 홈페이지)

이 대한민국 4대 양극재 회사 외에는 세계 어디에도 90% 수준 하이니켈 양극재를 만들 수 있는 회사가 없다 보니, 이 네 개 회사는 글로벌 이차전지 산업에서 그야말로 갑의 위치를 차지하고 있다. 게다가 대한민국 정부가 이 기술을 '국가핵심기술'로 지정했기 때문에 해외로의 기술 유출이 원천적으로 차단되고 있다. K배터리 초격차 기술 경쟁력의 가장 핵심이 바로 이 하이니켈 양극재 기술이다.

## ⚡ 고려청자의 기적이 현대에 재현되다

배터리 산업의 미래를 이해하는 데 있어 마지막으로 살펴봐야 할 내용을 말하려고 한다. 이를 쉽게 이해하기 위해 고려청자 이야기가 필요하다. 다들 학교에 다닐 때 고려청자의 우수성에 대해 배웠을 것이다. 하지만 막연하게만 알고 있고 어떤 부분이 우수하고 왜 우수한지에 대해서 명확하게 설명할 수 있는 사람은 그렇게 많지 않은 것 같다.

고려청자가 세계에서 우수한 예술품으로서 또 고가의 귀중한 물건으로서 인정받는 두 가지 요소는 '상감기법과 비색'이다. 이 중 비색의 비밀이 바로 양극재 기술과 관련되어 있다.

고려청자의 비색은 인위적인 물감을 덧칠한 것이 아니라, 흙 속에 감춰져 있는 색을 화학작용을 통해 '자연스럽고 은은한 푸른색'으로 이끌어낸 것이다. 그 결과 다양한 색감과 화려함을 자랑하는 중국의 당삼채唐三彩와 더불어 자연스러운 우아함과 고귀함을 뽐내는 고려청자가 당대 최고의 귀한 사치품으로 자리매김할 수 있었다.

청자의 비색이 발현되는 화학 원리는 아주 간단하다. 불완전연소로 생긴 일산화탄소가 도자기를 빚는 흙 속에 함유된 산화철을 환원시키고, 이 환원된 산화철에 함유된 철 이온 때문에 청자가 비색을 띠게 된다. 문제는 원리는 간단한데 실제로 구현하기가 너무나 어렵다는 데에 있다.

전북 부안의 도자기 장인 이은규 사기장님은 고려청자의 비색을 현대에 재현하기 위해 평생을 바쳐오신 분이다. 이은규 사기장님은 가마에서 도자기를 굽는 작업을 통해 청자의 비색을 구현하는 작업에 대해 한 인터뷰에서 이렇게 말했다. "하늘이 돕든지 아니면 날씨가 좋든지 과학적으로도 증명이 안 되는 원리다."

이는 비색의 실제 구현이 엄청나게 어려운 일임을 알려준다. 도공들이 가마 속에 도자기를 넣기 전에 정성을 다해 목욕재계를 하고, 가마에서 나온 괜찮아 보이는 도자기를 망치로 마구 깨버리는 장면을 TV 드라마 등에서 접했을 것이다. 그런 장면들이 바로 열과 화학 작용을 통해 청자의 비색을 끌어내는 게 그만큼 어려운 작업임을 상징한다. 청자 이야기를 하는 이유는 양극재 최고의 예술도 과학적 기술에 달린 것이다.

고려청자의 비색 기법은

양극재를 만들어내는 기술과 매우 유사하다.

를 제조하는 과정이 바로 청자를 가마에 구워서 비색을 이끌어내는 것과 같은 원리이기 때문이다. 보다 정확히 말해 양극활물질을 만들어내는 공정은 다음과 같다.

① 혼합 : NCA(니켈, 코발트, 알루미늄) 혼합물질을 섞는 과정

② 소성 : 혼합된 물질을 열을 가해서 익히는 과정

③ 분쇄 : 소성 과정에서 만든 알갱이를 쪼개서 일정한 크기로 만드는 과정

④ 세정 : 알갱이에 묻어 있는 잔류 리튬 같은 이물질을 제거하는 과정

⑤ 코팅 : 입자의 형태를 강화하는 과정

⑥ 소성 : 일정한 크기의 알갱이를 만들기 위해 다시 한 번 소성 과정을 거침

⑦ 포장 : 겉표면 포장 작업을 통해 안정성 증대

이 중 두 번의 소성 과정이 있는데 이 공정이 바로 청자를 가마에 구워서 비색을 이끌어내는 것과 동일한 원리다. 이 소성 과정을 통해서 양극활물질이 배터리에 필요한 전기적, 화학적 특성을 가지게 되는데, 그냥 되는 것이 아니다. 고려청자의 비색을 구현하는 데 도공이 평생을 바치듯이, 에코프로비엠 등 대한민국 대표 양극재 회사들이 하이니켈 양극재 기술을 정립하는 데에는 수만 번의 거듭된 실패와 십수 년이 넘는 고난의 시간이 필요했다. 그 과정을 통해 확보된 하이니켈 양극재 기술이 K 배터리가 세계를 호령하는 가장 큰 무기가 된 것이고, 중국 등 다른 나라들

이 감히 넘보지 못하는 기술장벽으로 든든히 자리매김하고 있는 것이다. 수백 년 전 고려청자가 그랬던 것처럼 말이다.

# 미래를 준비한
# 4명의 거인

배터리 산업의 미래를 이해하려면 한국 배터리 산업의 성장 과정을 주도했던 분들의 이야기가 꼭 필요하다고 생각된다. 오늘날 한국 배터리 산업이 어떻게 세계 최고의 위치에 섰는지를 설명하고 이해하려면 말이다. '로마는 하루아침에 건설되지 않았다'는 말처럼 K 배터리도 지난 30년의 도전의 역사가 이뤄낸 것이다.

## ⚡ 따라올 수 없는 과감한 투자
### : LG 구본무 회장

2022년 1월 27일 LG에너지솔루션이 시가총액 2위로 화려하게 증시에 입성했다. 이날 LG에너지솔루션의 수장 권영수 부회장은 여의도 한국거래소에서 "일찌감치 배터리 사업을 차세대 성장 동력으로 선정하고, 물심양면으로 지원을 아끼지 않으며 과감한 투자와 연구개발을 강조해온 구본무 회장님께서도 오늘의 이 자리를 누구보다 기뻐할 것이라고 생각한다"고 말했다. 이어 "LG화학 전지사업본부장을 맡았을 때 기대도 많았지만 많은 우려의 목소리도 있었다. 하지만 뚝심과 끈기의 리더십을 발휘한 회장님께 감사드린다"며 2018년 타계한 고 구본무 회장에게 공을 돌렸다.

K 배터리가 세계를 제패하게 된 일등공신은 누가 뭐래도 LG 구본무 회장이다. LG그룹의 이차전지 사업을 처음 시작한 사람도, 만년 적자였던 배터리 사업을 끝까지 지켜낸 사람도 바로 구본무 회장이기 때문이다. 대한민국이 이차전지 사업에 뛰어들게 된 계기는 1992년 구 회장의 유럽 출장이었다. 당시 영국 원자력연구원에서 이차전지를 처음 접한 구 회장이 귀국길에 이차전지 샘플을 얻어 당시 럭키금속(현 LS MnM)에 연구를 맡긴 게 대한민국 이차전지 산업의 출발점이었다.

노트북 등에 사용되는 이차전지 시제품 생산에 성공한 것이 1997년이었다. 하지만 품질 문제로 상용화가 어려웠고 적자가 계속 누적되고 있었다. 주요 계열사 경영진이 사업 철수를 제안한 것이 2001년 11월이었다. 이때 구 회장은 "포기하지 말고 길게 보고 투자와 연구개발에 집중하라"며 이런 제안을 일축했다.

2005년에 들어서 두 번째 난관에 봉착했다. 이차전지 사업의 적자가 2,000억 원에 달하며 상황은 더욱 악화되었다. 임원들은 다시 사업을 포기할 것을 권했지만 구 회장의 의지는 단호했다.

　LG가 GM, 현대기아차와 함께 전기차용 이차전지 사업에 뛰어든 게 2009년 무렵의 일이다. 당시 미국의 오바마 정부와 대한민국의 이명박 정부는 전기차 산업을 미래 성장 동력으로 생각했고 범정부 차원의 지원이 쏟아졌던 때이기도 하다. 그러나 당시에는 관련 기술의 발전이 아직 미흡하여 배터리 가격은 너무나 비쌌고, 그러면서도 1회 충전 주행거리가 100km 수준에도 못 미쳤다. 그러다 보니 소비자들은 전기차를 철저하게 외면했고 무려 20년 가까이 전력투구했지만 여전히 적자를 못 면하는 이차전지 사업부에 대한 불만이 회사 내외부에서 폭증했다.

　"LG화학은 화학에서 돈 벌어서는 이차전지에 다 갖다 바친다"라는 말이 당시 LG화학 직원들의 공통된 불만이었다. 당시 이차전지 연구를 담당했던 한 연구원은 그런 상황에서도 구본무 회장이 "이차전지는 LG의 미래이자 대한민국의 미래다. 지금의 적자는 다 수업료라 생각하라. 이럴수록 남들이 따라올 수 없을 만큼 더 과감히 연구하고 투자하라"고 했다는 일화를 알려주었다. 그토록 어려운 시절에 이차전지 사업부를 함께 이끌었던 사람이 바로 권영수 부회장이었으니 LG에너지솔루션 상장일에 더욱 구본무 회장이 생각이 났을 것이다.

　원래 이차전지 사업을 최초로 시작했던 것은 일본의 소니이다. 당시로서는 가장 앞선 기술을 갖고 있던 소니도 2006년 노트북용

수율 : 수율 收率, Yield은 투입한 수에 대해 완성된 양호한 제품의 비율을 말한다. 양품良品율이라고도 하며, 불량률의 반대어다. 수율은 특히 반도체의 생산성, 수익성 및 업체의 성과 면에서 매우 중요하다.

이차전지 대량 리콜 사태를 계기로 사업을 접고 말았다. LG화학 또한 대량 리콜 사태와 수율 문제 등 지난 30년간 수많은 고난이 있었다. LG화학 관계자에 따르면 이차전지로 손해 본 비용만 십수조 원이 될 거라고 했다. 그럼에도 불구하고 오로지 뚝심과 끈기로 기술 개발을 독려한 구본무 회장이 없었다면 오늘의 K 배터리는 존재하지 못했을 것이다.

뉴턴은 자신의 연구 결과가 "거인의 어깨 위에 올라타 있었기 때문"이라는 말을 한 적이 있다. 마찬가지로 지금 세계를 호령하고 있는 K 배터리 또한 올라타 있는 여러 거인의 어깨가 있는데, 그중 가장 큰 어깨가 바로 구본무 회장이라는 사실에는 반론의 여지가 없다.

## ⚡ 재벌도 포기한 일을 이뤄낸 뚝심
### : 에코프로 이동채 회장

K 배터리는 중국이나 일본이 따라올 수 없는 초격차의 기술력을 갖고 있다. 그 초격차 기술력 중에서도 가

장 중요한 무기가 바로 '하이니켈 양극재 기술'이다. 이 K 배터리 양극재 기술을 얘기할 때 빼놓을 수 없는 분이 바로 에코프로 이동채 회장이다.

에코프로가 자동차용 양극재 사업에 뛰어든 것은 2004년이다. 늘 새로운 기술에 대한 관심이 지대했던 고 노무현 대통령은 향후 전기차 시대가 도래할 수도 있으니 '전기차용 양극재 개발 사업'을 국책 과제로 선정하여 연구하게 했다. 이때 이 국책 과제를 시행한 업체가 바로 삼성그룹의 제일모직과 에코프로, 두 회사였다.

2004년부터 양극재 개발을 진행한 제일모직은 3년간의 연구에도 불구하고 가시적인 성과가 없자 2007년 이 사업에서 철수하기로 결정하였다. 이때 소식을 들은 에코프로 이동채 회장은 제일모직을 찾아가 "어차피 버릴 거 저에게 파십시오. 연구비 1,000억 원이 들어갔는데 그 10분의 1인 100억 원에 사겠습니다. 하지만 당장은 돈이 없으니 올해부터 10년간 매해 10억 원씩 지불하겠습니다"라고 말한다. 어차피 그만둘 사업이었으니 제일모직은 이 제안을 받아들였고 이로부터 에코프로의 양극재 사업이 시작되었다.

그러나 고난의 연속이었다. 앞서 양극재를 만드는 것이 고려청자의 비색을 이끌어내는 것만큼 어렵다고 말한 것처럼 2007년에 시작한 연구개발이 무려 10년이 넘도록 아무런 성과를 내지 못하고 있었다. '남들이 하는 걸 따라 해봤자 돈이 안 되니 하지 않는 걸 해보자'고 호기롭게 시작했지만, 적자가 누적되고 그러다 보니 늘 사업 자금을 빌리러 여의도 일대를 전전해야 했다.

에코프로비엠 권우석 대표는 "수익을 못 내고 투자만 해야 했던 10여 년의 시간은 지옥과도 같았다"며 당시의 어려움을 언급하기도 했다. 이런 시간을 버텨내고 결국 전기차 혁명의 시대에 최고의 기술력으로 양극재 시장 글로벌 넘버원의 자리에 에코프로비엠이 우뚝 서게 된 것은 이동채 회장의 뚝심과 혜안 덕분이었다.

장기간의 노력에도 가시적 성과가 나타나지 않으면 조직 전체가 좌절하게 마련이다. 에코프로라고 어찌 이런 일들이 없었겠는가. 이를 이겨낼 수 있었던 이유로 업계에서는 이동채 회장의 성품에 대한 많은 이야기가 전해온다. '겸손하고, 서민적이고, 사람이 너무 좋고, 눈물도 많고' 등의 증언들이 있다. 이동채 회장의 인간적인 면모, 조직원을 가족처럼 다독이는 리더십이 없었다면 지금과 같은 에코프로그룹도 존재하지 않았을 테고, 그랬다면 K 배터리 산업의 초격차 기술력 중 핵심 무기 또한 갖지 못했을 것이다.

최근 잇따른 내부 악재와 불공정거래 이슈가 있지만 감히 재벌도 못 해낸 일을 오로지 뚝심과 혜안으로 이뤄낸 기업이 바로 에코프로비엠이다. 소규모 기업에서 시작해서 글로벌 양극재 기업을 일궈낸 업적만은 분명하다.

## ⚡ 14년의 좌절을 딛고 얻어낸 '하얀 유전'
### : 포스코그룹 권오준 회장

2022년 3월 23일 포스코그룹은 아르헨티나의 움브레 무에르토hombre muerto 염호(소금 호수) 리튬 상용화 공장의 첫 삽을 떴다. 2024년 2.5만 톤 생산을 시작으로 점차 생산량을 늘려서 2028년에는 10만 톤까지 규모를 확대할 계획이다. 수산화리튬 10만 톤은 전기차 240만 대를 생산할 수 있는 분량으로 미국 인플레이션감축법IRA로 인해 이차전지 광물 밸류체인의 중국 의존도 탈피가 중요해진 시점에 너무나 중요한 역할을 하게 될 전망이다.

**미국 인플레이션감축법**

미국 인플레이션감축법(IRA: Inflation Reduction Act)은 미국이 자국 내 친환경 에너지 공급망을 탄탄하게 하기 위해 약 480조 원을 쏟아붓겠다는 내용 등을 담은 법안이다. 2022년 8월 7일 법안이 미국 상원을 통과했고 같은 달 16일 조 바이든 미국 대통령이 이 법안에 서명함으로써 발효됐다. 이 법안에 의하면 완제품은 물론이고 배터리를 이루는 부품과 물질 모두 미국이나 미국과 FTA를 맺은 나라에서 만들어야 한다. 예를 들어 일본과 EU는 미국과 FTA를 체결하지 않아 최혜국 대우를 받지 않는다. 한국이 이 법안의 혜택을 볼 전망이라는 이유가 여기에 있다.

리튬이 '하얀 석유'로 불리며 그 중요성이 나날이 더해가는 지금 지구 반대편 아르헨티나에 '사우디급 유전'에 해당하는 거대한 '리튬 유전'을 갖게 된 셈이다. 그런데 이 귀중한 자원을 포스코그룹이 확보하게 되기까지 엄청난 고난과 좌절이 있었다. 그 고난과 좌절을 이겨내고 대한민국이 '미래의 거대 유전'을 확보하게 되기까지 포스코그룹 권오준 전 회장의 역할이 지대했다는 사실을 기억하는 사람은 많지 않다.

권오준 회장은 서울대 금속공학과를 졸업하고 캐나다 윈저대, 미국 피츠버그대에서 석박사 학위를 받은 후 포스코에 입사해서 연구개발을 전담한 전형적인 기술자, 공학자로 포스코 연구개발의 초석을 다진 인물로 평가받는다. 특히 파이넥스FINEX 공법을 정립하여 포스코 철강 산업의 핵심 경쟁력을 만드는 데 지대한 역할을 했다.

포스코와 리튬의 인연은 2010년 이명박 정부의 핵심 국정과제였던 자원외교의 일환으로 시작되었다. 정부와 포스코는 볼리비아 리튬 염호를 개발할 계획을 세웠고, 당시 리튬 사업 개발 본부장이 바로 권오준 회장이다. 문제는 염호에서 리튬을 채취하는 것이 보통 어려운 일이 아니라는 점이었다. 당시 포스코그룹은 이에 대한 기술이 전무했다.

이때부터 포스코의 '리튬 고난사'가 시작된다. 권오준 회장은 2014년 회장으로 취임하고 나서 염호 리튬 개발 기술 확보에 집념을 갖고 박차를 가했다. 그러나 이 기술을 완성하는 일은 쉽게 이뤄지지 않았고, 포스코 내부에서도 회의론이 고개를 들었다. 특히 2017년 문재인 정부가 출범하고, 이명박 정부의 자원외교가 중요한 적폐 중 하나로 지목되면서 난관에 처한다. 이명박 정부의 자원외교에 수많은 실책이 있었던 것은 사실이다. 준비가 부족한 상태에서 가격을 불문하고 성과를 내는 데 집착한 결과 경제성이 부족한 광산 확보, 한국자원공사의 심각한 부실화, 그 와중에 부정과 불법 등이 벌어졌던 것이 사실이다. 이런 상황에서 포스코가 리튬 개발에 계속 전력을 쏟는 것은 엄청난 부담이었다.

하루빨리 성과를 내는 것만이 이런 의혹에서 벗어나는 방법이었다. 2016년 2월 포스코가 아르헨티나의 리테아 사와 포주엘로스 염호 개발에 관한 계약을 체결한 것이 바로 이런 조바심에서 비롯된 일이 아니었을까 생각된다. 그러나 포주엘로스 염호 개발 사업은 처절한 실패로 끝났다. 2018년 3월 〈MB형제와 포스코 2부: 리튬사업의 비밀〉이라는 한 방송 프로그램을 통해 그 실패가 만천하에 드러나고 만다.

포스코의 리튬 개발 사업에 대한 여론이 좋지 않던 상황에서 이 방송은 불에 기름을 붓는 격이 되어버렸고, 포스코의 리튬 사업은 심각한 위기에 직면하게 된다. 부랴부랴 2018년 3월 포스코는 기자간담회를 열고, 4월에는 포스코 창립 50주년을 맞아 '포스코 미래 비전 선포식'을 통해 리튬 사업의 필요성과 성장 가능성을 피력했지만 차갑게 돌아서 버린 여론은 쉽게 회복되지 않았다.

이 선포식에서 권오준 회장은 "리튬 사업은 포스코를 먹여 살릴 큰 사업"이며 "포스코가 국내 이차전지 업체들에게 안정적으로 소재를 공급하는 체계를 만들겠다"고 밝혔다. "포스코의 리튬 사업은 초기에 고유 기술 없이 뛰어들었다가 고전했지만 이제 기술의 90% 정도가 완성됐다. 곧 가시적 성과가 가능할 것이다"라며 이해를 구했지만 성난 여론은 돌아서지 않았다. 2018년 4월 권오준 회장은 불명예 퇴진을 하게 된다.

천만다행으로 후임인 최정우 회장이 여전히 비판적인 여론에도 불구하고 리튬 개발 사업을 계속 추진하였고 움브레 무에르토 염호가 그야말로 대박을 치게 된다.

2018년 포스코는 3,300억 원에 움브레 무에르토 염호를 구입했다. 이후 광권 추가 확보를 통해 포스코가 보유한 염호의 광권 면적은 여의도 면적의 약 30배에 해당하는 2만 5,500ha로 확장됐다. 염호의 리튬 매장량은 인수 당시 220만 톤으로 추산되었으나, 이후 여섯 배인 탄산리튬 기준 1,350만 톤임이 확인했다. 이로 인해 2030년에 포스코는 매년 리튬 10만 톤을 30년간 채굴할 수 있을 것으로 예상하고 있다. 현재 시세인 톤당 1억을 기준으로 하면 연간 10조 원씩 총 300조 원의 매출을 움브레 무에르토 염호에서 기대할 수 있다.

아르헨티나에 있는 소금 호수 움브레 무에르토.
아르헨티나는 볼리비아, 칠레와 함께 매장량이 많아 '리튬 삼각지대'라 불린다.

K 배터리 레볼루션

이 와중에 '나머지 10%'의 기술이 완성되면서 대한민국의 귀중한 리튬 자원으로 자리 잡게 된 것이다.

나를 비롯한 많은 사람들이 이런 생각을 할 것이다. '권오준 회장이 공학자 출신이 아니었다면 포스코의 리튬 사업이 가능했을까?' 권오준 회장은 '리튬은 미래에 가장 중요한 자원이고, 포스코는 할 수 있다'는 분명한 사실을 믿고 사업을 추진했기에 다른 논리와 타협할 수 없었을 것이다. 그는 불명예 퇴진을 했지만, 한국은 거대하고 귀중한 미래의 유전을 확보하는 천운을 갖게 되었다. 모두가 감사해야 할 일이다.

## ⚡ 수소차, 전기차가 우리의 미래다
### : 현대 정주영 회장

마지막으로 살펴볼 인물은 바로 정주영 회장이다. 정주영 회장을 언급하는 게 의아한 이들도 있을 것이다. '전기차의 아이콘' 테슬라가 최초의 모델 로드스타를 내놓은 것은 2008년이다. 아마 많은 이들이 로드스타를 최초의 전기차로 알고 있지 않을까 한다. 그러나 이보다 17년 전인 1991년부터 현대자동차는 전기차 개발을 시작했다. 2022년에 출시된 현대차 아이오닉6은 1회 충전 주행거리(대한민국 환경부 기준)가 524km로 현대차 최초로 500km를 넘겼다. 공기저항계수와 전비(電費: 1kWh 당 주행거리)에서 최초로 테슬라 모델3을 넘어선 쾌거를 기록한 차량이다.

고 정주영 회장은 미래를 한 발이 아닌 열 발을 앞서 내다보는 혜안을 가진 경영자로 일컬어진다. 1991년 정주영 회장은 울산의 연구진을 서울 성북동 영빈관으로 불렀다. 그 자리에는 미국의 이차전지 업체 오보닉의 관계자들이 있었다. 이후 현대차와 오보닉의 협력으로 최고 속도 60km, 1회 충전 주행거리 70km의 쏘나타 전기차가 탄생하게 되었다.

1996년에는 엑셀 기반의 전기차를, 2000년에는 싼타페 기반의 전기차를 꾸준히 연구, 개발해온 현대차는 2011년 최초의 상용 전기차 블루온을 출시한다. 이는 테슬라 로드러너에 비해 불과 3년 뒤에 이뤄진 일이다. 현대차의 전기차 개발은 오래전부터 시작되었고 전기차 상용 모델 출시를 기준으로 보더라도 테슬라에 비해 크게 뒤지지 않는다. 현재 현대차가 테슬라를 위협하는 주요 경쟁자로 떠오르는 것은 오랜 기간 현대의 연구, 개발 역사가 있기에 가능한 일이다. 이는 정주영 회장의 선견지명 없이는 불가능한 일이었다.

특히 수소전기차 시장에서 현대차의 역할은 지대하다. 현대차는 한 해 판매 대수 기준 세계 최고의 수소전기차 회사다. 1997년 수소차 개발에 뛰어든 것도 정주영 회장의 지시가 크게 작용했

수소전기차는 수소연료탱크에 있는 고압 수소와 공기공급시스템을 통해 들어온 산소를
연료전지스택에 전달, 전기화학 반응을 일으켜 전기에너지를 생산한다.
이 전기에너지는 구동모터를 통해 운동에너지로 전환되어 수소전기차를 움직인다.
주행 중인 수소전기차는 배기구를 통해 순수한 물을 배출한다.

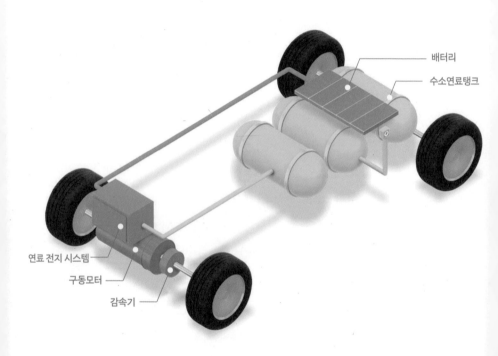

(출처: 현대모토그룹 홈페이지)

다. 처음 현대차가 수소전기차 개발의 파트너로 생각했던 회사는 캐나다의 발라드 사였다. 그러나 발라드가 수소 연료전지 한 세트의 가격으로 500만 달러를 제시하는 등 과도한 요구를 하자 파트너 회사를 바꾸게 된다.

그래서 찾은 회사가 바로 IFC International Fuel Cells였는데, 이 회사가 바로 인류 최초로 달에 날아간 아폴로 11호에 수소연료전지를 공급한 회사다. 지금 현대차 넥쏘에 탑재된 수소연료전지에는 아폴로 11호의 기술이 들어 있는 셈이다. 현대차가 IFC의 수소연료전지를 활용해 싼타페 수소차를 만들자, 이는 미국을 자극했고 부시 대통령이 미국의 수소차 지원 정책을 펼치게 된 중요한 계기로 작용하기도 했다.

미래는 준비하는 자의 몫이다. 전기차 개발이 늦었던 일본과 독일의 유수의 자동차 업체들을 보면 지금 전기차 시장에서 고전을 면치 못하고 있다. 이에 비해 현대차는 우수한 성능으로 유수의 자동차 평가 기관에서 최고의 전기차로 평가받고 있다. 수소차 분야에서도 최고 판매량 순위를 몇 년째 유지하고 있다. 이렇듯 한국이 전기차와 수소차에서 최고의 기술력을 자랑할 수 있게 된 데는 정주영 회장과 현대차 임직원들의 노력이 고스란히 녹아 있다.

그러나 이런 노력이 인정받는 길이 쉽지는 않았다. 한때 많은 이들이 수소차에 투자하는 것을 이해하지 못했다. 전기차가 대

아폴로11호의 수소연료전지. 미국항공우주국(NASA)은 처음에는
아폴로11호에 핵연료, 이차전지 등을 고려했으나 핵연료는 안정성 문제, 이차전지는
충전 문제로 수소연료전지를 선택했다. 아폴로 11호에는 총 3대의 수소연료전지가
탑재되었는데, 1대당 최대 2,300W까지 전력을 생산할 수 있었다.
수소연료전지가 전기를 생산하는 과정에서 생겨난 물은 우주비행사들이 사용했다.

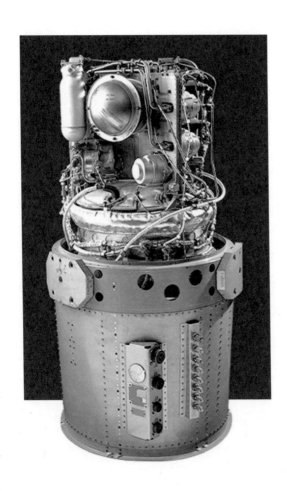

세가 될 텐데, 왜 수소차를 만들어야 하냐고 묻는 이들도 많았다. 그렇지 않다. 지금은 전기차로만 충분할 것 같지만 2028~2030년 무렵이 되면 수소차의 필요성이 새롭게 대두된다. 이에는 두 가지 이유가 있다.

첫째, 뒤에서 자세히 이야기하겠지만 전기차는 지나치게 광물 의존적이다. 특히 리튬이 문제인데 리튬의 수요가 급증하는 것에 비해 확보 가능한 리튬의 공급은 현저히 부족하다. 이는 리튬 가격의 상승, 배터리 가격의 상승, 전기차 가격의 상승으로 이어질 수밖에 없고, 전기차 대비 수소차의 가격이 경쟁력을 가지게 될 것이다.

둘째, 송배전의 문제가 있다. 가령 모든 내연기관차들이 전기차로 전환된다고 할 때 필요한 전기량은 대략 현재 총발전량의 20% 정도가 될 것으로 보인다. 그 정도의 발전량을 늘리는 것은 크게 문제될 것이 없다.

진짜 문제는 송배전에 있다. 현재 전기차 한 대가 사용하는 전기는 4인 가족이 월간 사용하는 전기량과 같다. 즉, 모든 내연기관차들이 전기차로 전환되게 되면 모든 가정에 현재 사용하고 있는 전기량의 두 배만큼을 공급해야 한다는 말이 된다. 이게 가능하려면 도시의 송

> 송배전 : 발전소에서 발생된 전력을 멀리 있는 공장이나 일반 가정 등으로 수송하는 과정인 송전과 변전소에서 전력을 수용가로 분배하는 일인 배전을 아울러 부르는 말이다.

배전망을 지금의 두 배로 확장해야 하는데, 이게 쉽지 않다.

현재 웬만한 대도시의 송전망은 전부 지중화되어 있다. 이 지중화되어 있는 송전망을 모두 두 배로 확충하는 공사에는 엄청난 비용이 필요하다. 아파트 같은 집단주택에는 변압기가 있는데 이 또한 모두 두 배로 확충해야 한다. 이 공사에도 엄청난 비용이 발생할 것임은 당연한 일이다. 그래서 내연기관차를 100% 퇴출하기 위해서는 전기차 외에 수소차도 꼭 필요하다. 인구밀도가 낮은 지역은 전기차가 유리하고 서울 같은 대도시에선 수소차가 훨씬 유리할 것이다. 수소차는 별도의 충전시설 없이 기존 주유소를 수소 충전소로 바꾸면 되기 때문이다.

자동차 회사의 입장에서 보면 수소차는 전기차 대비 월등한 장점이 있다. 전기차의 핵심은 배터리이고 이 배터리는 화학 산업을 기반으로 하다 보니 배터리 업체에 의존할 수밖에 없다. 전기차에서 자동차 회사의 입지는 껍데기를 만드는 정도에 불과할 정도로 그 지위가 줄어들 예정이지만, 수소차는 다르다. 수소차의 핵심인 수소연료전지 또한 화학 산업을 기반으로 하긴 하지만 배터리 외에 자동차 회사가 다룰 수 있는 요소들이 많다. 수소공급장치, 열관리시스템 등 자동차 회사에서 주도할 수 있는 여러 장치들이 존재한다. 그래서 정주영 회장이 현대차의 미래를 수소차에서 찾은 것이다.

또한 수소차는 대형트럭 등 장거리를 운행하는 무거운 차량을 중심으로 보급되는 장점이 있다. 물론 테슬라 등 전기차 업체도 장거리 대형트럭을 만들고 있지만, 이 부분에서는 수소차가 월등히 앞서 있다. 현대차는 이미 주행거리가 400km인 수소트럭 엑시언트를 제작했으며, 2025년까지 미국 등 글로벌 시장에서 수소트럭 1,600대를 판매할 계획을 갖고 있다. 이 또한 정주영 회장의 혜안에서 시작된 일이라 해도 과언이 아니다.

이렇게 네 명의 거인들을 살펴본 이유는 K 배터리 산업이 쉽게 추월당할 산업이 아니라는 것을 더욱 분명하게 이해하기 위해서다. 이미 한국 경제의 중요한 인력과 자원이 투여된 긴 역사가 있는 산업이라는 점을 분명히 인지해야 한다. 단지 투자의 관점을 넘어 앞으로 다가올지도 모를 세계적 경제위기에 맞서 한국 경제의 미래를 지켜내는 일은 이 거인들의 다음 세대들이 만들어가야 하는 몫이기도 하다.

# 03

# K 배터리의
# 기술 초격차
# 전략

세계적 금융서비스 기업 S&P의 수석 애널리스트 루카스 베드나르스키는 『배터리 전쟁 Lithium』이라는 저서의 한국어판 저자 서문에서 이런 말을 했다. "한국은 진정한 배터리의 나라다. 배터리를 발명하지는 않았지만 상용화 수준을 새로운 단계로 끌어올렸다. 한국의 기업들은 다른 나라의 기업들이 원가절감을 밀어붙이던 코로나19 펜데믹의 암흑기에도 생산량을 늘리고 더 나은 내일을 준비하며 전기화에 대한 믿음을 드러냈다."

이처럼 한국 업체들이 배터리 혁명을 이끌 수 있었던 동력은 기술 초격차 전략에서 나온다. 이 중 핵심 기술이 무엇인지 이해하면 이후 배터리 산업을 전망하는 데 있어 분명한 기준을 가질 수 있을 것이다.

## ⚡ 값도 싸고 질도 좋다
### : 하이니켈 양극재 기술

배터리 혁명의 핵심은 결국 좋은 배터리를 얼마나 빨리 더 저렴하게 생산하느냐에 달려 있다. 좋은 배터리는 어떤 배터리일까. 싸고 가볍고 부피가 적은 배터리가 좋은 배터리다. K 배터리가 반도체에 이어 한국 경제의 새로운 동력이 될 수밖에 없는 이유는 싸고 가볍고 부피가 적은 배터리를 만들어내는 K 배터리의 초격차 기술 때문이다. 두 가지 기술 무기가 있는데, 하나는 하이니켈high-nickel 양극재 기술이고, 또 다른 하나는 파우치형 폼팩터form factor 기술이다.

앞에서 양극재에 대해 살펴보았는데, 리튬이온 배터리 중 니켈, 망간, 코발트 등 세 가지 물질을 섞어 양극재를 만드는 배터리를 삼원계 배터리라고 한다. 각 재료의 이니셜을 따서 NCM(N:니켈, C:코발트, M:망간) 배터리라 한다. 여기에 망간이 아닌 알루미늄Al을 사용하여 양극재를 만들 경우 NCA 배터리라 한다. NCA 양극재는 원통형 배터리 등 소형전지에 주로 사용된다.

이 NCM 양극재는 LCO(리튬+산화코발트) 양극재에서 유래된 것이다. 값이 비싼 금속인 코발트의 비중을 줄이고, 대신 높은 에너지밀도와 안정성을 담보하는 니켈과 망간으로 대체한 것이 NCM이고, 니켈과 알루미늄을 추가한 것이 NCA이다.

이 삼원계 배터리를 구성하는 세 가지 원소 중 니켈의 함량을 높일수록 에너지밀도가 높아져 더 가볍고 더 싼 배터리를 만들 수 있게 된다. 니켈의 함량이 높아지면 안정성과 수명, 출력을 담당하는 코발트, 망간, 알루미늄의 함량은 그만큼 줄어들게 된다. 여기서 해결해야 할 문제가 발생한다.

즉, 더 좋은 성능의 배터리를 만들기 위해서는 니켈 함량이 높아져야 하는데, 그에 따라 화재안정성, 수명 등이 저하되는 문제를 해결해야 하는 기술적 과제가 따라오는 것이다.

안정성을 확보하면서 니켈 함량을 높여서 에너지밀도가 높은 (=싸고 가벼운) 양극재를 만드는 것이 바로 하이니켈 기술이다. 그리고 니켈 함량을 90% 수준까지 높인 것을 울트라 하이니켈 기술이라 한다. 이 하이니켈 기술을 사용하면 그렇지 않은 것에 비해 20% 이상 더 싸면서 20% 이상 더 가볍고 20% 이상 더 멀리 가는 배터리를 만들 수 있다.

이 기술을 구현해낸 양극재 회사는 전 세계에 오직 네 군데가 있는데 바로 에코프로비엠, LG화학, 엘앤에프, 포스코케미칼이 그들이다. 이들 기업의 니켈 함량 80% 이상의 하이니켈 기술은 '국가핵심기술'로 지정되어 외국으로의 기술 유출이 엄격히 금지되어 있다. 이들 회사를 이른바 '양극재 4대 천왕'이라고 부르는데 그만큼 글로벌 이차전지 산업계에서 핵심적인 지위를 차지하고 있다.

이런 의문을 가질 수 있다. '지금은 하이니켈 분야에서 확고한 우위를 갖고 있지만, 니켈 함량 90% 수준까지 이미 기술 수준이 올라가 있으니 여기서 더는 니켈 함량을 늘릴 수 없을 테고, 그 사이에 중국이나 일본이 이 기술을 결국 따라잡지 않을까?'

일견 맞는 말이다. 그러나 대한민국 양극재 4대 천왕의 경쟁력이 하이니켈 기술만은 아니다. 우선 하이니켈 기술은 더욱 고도화하여 현재 니켈 함량을 97% 수준까지 올린 양극재가 완성되어 있다. 또한 차세대 표준으로 각광받는 '단결정 양극재' 기술 분야에서도 한국 기업이 가장 앞서 있다.

또한 니켈의 함량을 줄이고 대신 저렴한 망간의 함량을 높여서 가격을 크게 떨어뜨린 '하이망간' 양극재, '건식 공정에 대응하는 양극재 기술', '전고체 배터리에 적합한 양극재 기술' 등 차세대 양극재 개발에서도 이들 기업의 기술이 앞서나가고 있다.

이런 기술 격차는 반도체 산업의 성장을 이끌었던 전략과 매우 비슷하다. 2000년대 초반 삼성전자의 D램 공정기술이 일본을 한 번 앞선 이후로 그 격차는 이후 좁혀지지 않고 갈수록 넓어졌다. 결국 일본이 D램 분야에서 모두 철수하고 말았다. 이렇듯 한번 벌어진 기술 격차가 좁혀지지 않고 갈수록 더 넓혀지는 것을 '기술 초격차 전략'이라 하는데 대한민국 양극재 4대 천왕의 경우가 이렇다 할 것이다.

# ⚡ 싸고 가볍고 부피도 적다
## : 파우치형 폼팩터 기술

두 번째 핵심 기술은 바로 배터리의 형태와 관련된 것이다. 전기차용 배터리의 형태, 폼팩터에는 크게 세 가지 종류가 있다. 원통형, 각형, 파우치형이 바로 그것이다. 배터리의 폼팩터로 가장 일반적인 것이 바로 원통형이다. 우리가 일상에서 흔히 보는 건전지가 원통형 배터리다. 당연히 전기차용 이차전지도 처음 시작한 형태는 원통형이었다. 이후 각형과 파우치형이 추가로 개발되었다.

'발명은 필요의 산물'이라는 말이 있듯이 원통형이 있음에도 추가로 각형과 파우치형이 개발된 것은 그 필요성이 당연히 있어서일 것이다. 전기차용 이차전지 개발 과정도 마찬가지다. 각형과 파우치형이 개발된 것은 원통형 배터리의 크기를 마냥 키

---

**폼팩터**

제품의 물리적인 외형을 뜻하는 말이다. 보통 크기, 슬롯 형태 등 컴퓨터 하드웨어의 규격을 지칭할 때 사용되었으나 스마트폰의 외형적 요소를 가리키는 용어로 많이 사용되고 있다. 네모난 형태의 스마트폰이 접히거나 말리거나 하는 다양한 형태를 말할 때 폼팩터라는 용어를 사용한다.

---

배터리의 폼팩터로 가장 일반적인 것이 바로 원통형이다.
우리가 일상에서 흔히 보는 건전지가 원통형 배터리다.
원통형 배터리의 크기는 계속 커져왔으나
폭발 위험성 때문에 그 크기를 키우기 쉽지 않다는
문제가 있다.

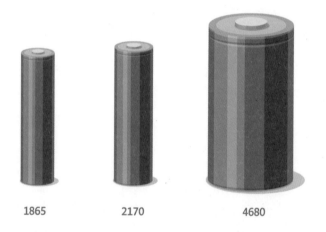

1865   2170   4680

우기 어렵다는 기술적 문제 때문이었다. 원통형은 구조상 내부의 열이 중심으로 모이게 되는데 이렇게 중심으로 모인 열이 외부로 원활하게 빠져나가지 못하면 결국 폭발하게 된다. 따라서 오랜 기간 원통형은 1865규격(지름 18mm, 높이 65mm)을 사용해왔다. 테슬라가 모델3을 만들면서 그 규격이 2170(지름 21mm, 높이 70mm)으로 소폭 커졌을 뿐이다.

통상 테슬라 모델3에는 2170 원통형 배터리 4,300개가 들어간다고 알려져 있다. 이렇게 많은 수의 배터리가 묶여 들어가다 보면 원통형과 원통형 사이에 사용할 수 없는 공간, 즉 데드 스페이스dead space가 생기고 4,300개의 니켈 도금 강철캔 무게만큼 추가적 무게 부담을 지게 된다. 너무 많은 개수의 원통형 배터리는 부피와 무게 부분에서 비효율을 낳게 되는 것이다.

이런 비효율을 극복하기 위해 새로이 만들어진 폼팩터가 각형과 파우치형이다. 각형은 네모난 캔 형태로 배터리 한 개의 크기를 키울 수 있고, 원통형 배터리가 만들어내는 데드 스페이스 문제도 해결 가능하다. BMW의 iX모델에는 통상 600~700 수준의 각형 배터리가 탑재되는 것으로 알려져 있다.

그러나 각형 배터리의 경우에도 비록 숫자는 줄었지만 캔의 무게와 부피가 여전히 부담으로 작용한다. LG에너지솔루션이 창안한 파우치형은 배터리를 감싸는 캔을 아주 얇고 가벼운, 그러면서도 견고한 비닐 재질의 파우치로 대체함으로써 부피와 무게에서 탁월한 장점을 가진 폼팩터다. 앞서 싸고 가볍고 부피가 적은 배터리가 가장 좋은 배터리라고 했다. 이런 조건에 딱 맞는 배터리 형태가 바로 파우치형 배터리다.

파우치형 기술은 LG에너지솔루션과 SK온, 두 회사만 채택하고 있다. 왜 이렇게 좋은 기술을 두 회사만 갖고 있는 것일까. 여기에는 기술적 어려움과 특허 등의 문제가 존재한다. 먼저 기술적 어려움을 살펴보자. 각형과 원통형은 튼튼한 캔이 내부 배터리 구조를 보호하고 있기에 화재와 충격에 상대적으로 안전하다는 장점이 있다. 파우치형은 이런 외부 보호 구조 없이 오로지 순수 기술력으로만 화재와 충격에서의 안정성을 확보해야 하기에 대단히 구현하기 어려운 고난도의 기술이다. 구본무 회장의 전폭적 지원 아래 30년 동안 기술진들이 각고의 노력을 했기에 이런 기술을 LG에너지솔루션이 확보할 수 있었다. 이 과정에서 다양한 특허, 각종 IP(지식재산권)를 미리 법적으로 확보해놓았다.

배터리 구성 요소 중 분리막의 표면을 세라믹 소재로 얇게 코팅해 안전성과 성능을 대폭 향상시킨 '안정성 강화 분리막', 내부 공간 활용을 극대화해 최고의 에너지밀도를 구현할 수 있도록 하는 원천 특허 라미네이션&스택킹Lamination & Stacking 제조 기술 등의 특허는 LG에너지솔루션만이 갖고 있다. 이렇기에 중국, 일본 등 타 배터리 업체들이 파우치형 개발에 쉽사리 뛰어들 엄두를 못 내는 상황이다. 참고로 테슬라의 배터리 관련 특허는 700여

개, 중국 CATL은 4,000여 개에 이르는데 LG의 특허는 무려 2만 4,000여 개로 테슬라의 35배, CATL의 6배에 달한다.


## ⚡ 배터리 화재, K 배터리는 걱정 뚝
### : 화재 안정성 기술

자동차는 인간의 생명과 직결된 물건이다 보니, 절대 양보할 수 없는 것이 바로 '안전'이다. 리튬이온 배터리는 리튬의 물성적 특성상 화재의 위험이 항상 존재한다. 그러다 보니 화재안정성 확보 여부가 무엇보다도 중요한 기술력이다. 이 화재안정성 분야에서도 K 배터리의 기술력은 압도적이다.

K 배터리의 화재 안전성 기술이 최고라는 말에 고개를 갸웃할 분들이 꽤 있을 것이다. LG에너지솔루션이 만든 배터리가 탑재된 차량이 화재 문제 때문에 대규모 리콜 사태가 있었고, 그 과정에서 수조 원을 물어준 것이 언론에 대서특필된 게 불과 얼마 전이기 때문이다.

2021년 8월 GM은 LG의 파우치형 배터리가 장착된 볼트 전기차 14만 대에 대한 리콜을 시행하였다. 당시 리콜 비용만 2조 원이라는 이야기가 나왔다. 이렇듯 전기차용 이차전지 사업은 한번 대규모 리콜 사태를 겪게 되면 수조 원의 손실이 발생하기 때문에 '앞에서 남고 뒤로 밑지는' 사업이란 인식이 늘 존재해왔다. 그래서 한때 배터리 업체에 투자할 이유가 있냐는 회의론이 득세했던 것이 사실이다. 화재안정성에서 K 배터리의 기술력에 문제가 있지 않냐는 시각 또한 있었다.

그런데 업계를 들여다보면 내부의 시각은 다르다. '배터리는 경험 산업'이라는 말이 화재안정성에도 그대로 적용된다. 쉽게 말해 '화재도 겪고, 대규모 리콜 경험도 있어야, 그 취약점을 보완해 더욱 안전한 기술을 확보하게 된다'고 보아야 할 것이다. LG에너지솔루션이 지금 글로벌 넘버원의 화재안정성 기술을 갖게 된 것은 지난 수십 년간 여러 번에 걸쳐 각종 화재 관련 리콜 비용을 부담하면서 조금씩 개선하고 발전해온 덕분이다. 여러 번 LG의 배터리가 화재 문제를 일으켜 대규모 리콜 비용을 부담하고 기술진들이 실의에 빠져 있을 때마다 구본무 회장의 입장은 단호했다고 한다. "이 모든 것을 수업료라고 생각하라. 이럴수록 더 과감하게 투자하고 연구해서 남들이 따라올 수 없을 만큼 기술력을 확보하라"는 것이었다.

LG에너지솔루션이 주력으로 하는 하이니켈 NCM 양극재와 파우치형 폼팩터는 그 구조상 화재에 취약할 수밖에 없다. 대신 높은 에너지밀도 즉, 싸고 가볍고 부피가 적은 가장 이상적인 배터리라는 강점을 가진다. 그 강점을 확보하기 위해 대규모 화재 리콜 비용이라는 수업료를 지불하고 얻은 '하이니켈 NCM 양극재

+ 파우치형' 배터리의 화재안정성 기술은 중국이나 일본이 넘어올 수 없는 높고 깊은 기술적 해자로 작용하고 있다.

물론 중국이 주력으로 삼고 있는 LFP 양극재 배터리와 각형 폼팩터는 그 구조상 화재에 상대적으로 안전하다는 특성이 있다. 그러나 그만큼 낮은 에너지밀도 때문에 비싸고 무겁고 부피가 큰 배터리가 될 수밖에 없다. 이것이 중국을 제외한 글로벌 시장에서 K 배터리가 중국 업체를 압도적으로 앞서는 이유로 작용하고 있다.

중국 업체가 LFP 양극재 배터리나 각형 폼팩터를 사용하는 이유는 기술적으로 우월하거나 경제적으로 저렴해서가 아니라 화재안정성을 확보하는 기술력이 부족하기 때문이다. 현재 그들은 화재 가능성을 줄이는 높은 기술력을 확보하지 못했기 때문에 상대적으로 안전한 LFP 양극재 배터리, 각형 혹은 원통형 배터리를 사용하고 있다. 그럼에도 불구하고 각종 화재 사고가 끊이지 않는 것이 중국 기술력의 현주소다. 어느 정도일까.

2022년 8월 18일 중국 매체 《중화망》 등에 의하면 중국 쓰촨성 랑중시 도로에 주차된 BYD의 세단 전기차 모델 한HAN에서 갑자기 화재가 발생했다. 이 차량은 인도받은 지 7일, 번호판을 부착한 지 3일 된 신차였다. 이 차에는 화재에 안전하다는 BYD의 LFP 양극재 배터리가 탑재되어 있었다. 이런 종류의 화재는 중국 내에서 비일비재한 것으로 알려져 있다. 다만 중국 전기차 굴기를 꿈꾸는 중국 정부에 의해 엄격하게 보도 통제가 되어 대중에게 많이 알려지지 않을 뿐이다. 중국에서 2022년 8월까지 보고된 신에너지 차량 화재 신고는 무려 640건으로 하루 평균 7건의 화재가 발생하고 있다는 것이다. 이렇듯 중국 내부에서는 전기차 화재에 대한 우려가 나날이 커지고 있다.


## ⚡ 전기차 제작의 표준을 꿈꾸는 GM-LG 연합
### : 얼티엄 플랫폼

전기차 시대가 본격 도래하면서 기존 자동차 메이커들의 전기차 전환 속도도 점점 빨라지고 있다. 이 과정에서 꼭 필요한 것이 전기차 전용 플랫폼이다. 전기차 플랫폼은 쉽게 말하면 전기차 전용 제작틀을 말한다. 배터리를 자동차 하부에 탑재하고 앞바퀴와 뒷바퀴에 각각 전기 모터를 배치하는 등 전기차의 특성에 따라 만들어진 틀이다.

전기차 플랫폼을 개발해 전기차를 생산하고 있는 곳의 선두 주자가 테슬라다. 이 외에도 메르세데스-벤츠, 폭스바겐, 현대차, GM 등 기존 자동차 업계도 전기차 플랫폼을 개발하는 경쟁에 나서고 있다. 현대-기아가 E-GMP 플랫폼을 만들었듯이 전기차로의 산업 전환을 위해 전기차 전용 플랫폼이 꼭 필요하다. 그 이유는 전기차의 구조가 내연기관차와는 전혀 다르기 때문이다.

내연기관차의 경우 동력계와 구동계가 가장 큰 비중을 차지하는 데 비해, 전기차의 구조는 배터리와 모터가 핵심이 되는 아주 단순화된 구조라는 결정적 차이가 있다. 이렇듯 전기차는 구조 자체가 내연기관차와는 전혀 다르기 때문에, 설계 단계에서부터 전기차의 특성을 온전히 반영한 전기차 전용 플랫폼이 필수다.

이런 전기차 전용 플랫폼 중에서 현재까지 가장 우수한 것으로 여겨지는 것이 바로 '얼티엄 플랫폼Ultium Platform'이다.

이 얼티엄 플랫폼은 LG와 GM이 상호 협력하여 오랜 기간의 연구 성과가 집약된 것으로, 테슬라를 넘는 세계 최고의 전기차 메이커가 되고자 하는 GM의 의지가 담겨 있는 야심작이다. GM은 얼티엄 플랫폼을 기반으로 최고의 전기차 메이커가 되는 것을 넘어, 전기차 전환이 늦은 다른 자동차 메이커들에게 라이선스 비용Licence Fee을 받고 제공하여 이를 전기차 전용 플랫폼의 표준으로 정립할 계획을 세우고 있다.

2021년 10월 GM의 메리 바라 회장은 '인베스터 데이 2021 행사'에서 얼티엄 플랫폼을 세상에 선보였다. GM이 자동차 제조자에서 플랫폼 혁신 기업으로의 전환을 선언한 것이다. 전기차를 만들고 싶지만 수조 원의 자금과 고도의 기술력이 필요한 전기차 전용 플랫폼을 자체적으로 제작하기 어려운 업체에게 얼티엄 플랫폼을 빌려주고 그 사용료를 받는 구조의 수익 모델을 제시

했다. 그만큼 얼티엄 플랫폼이 가장 선진적이고 효율적이며 경제적인 플랫폼이라는 GM의 자신감이 있는 것이다.

이런 GM의 얼티엄 플랫폼에 K 배터리의 초격차 기술력이 고스란히 담겨 있다. LG의 니켈 90% 함량 울트라 하이니켈 NCMA 양극재 기술과 가장 싸고 가볍고 부피가 적은 파우치형 폼팩터가 적용되어 있다. 그 결과 얼티엄 플랫폼은 기존 전기차 플랫폼에 비해 원가는 40% 저렴하면서도 1회 충전에 최고 720km 주행이 가능한 탁월한 성능을 자랑하고 있다.

이러한 GM의 전략에 동의하여 얼티엄 플랫폼을 활용해 전기차 제작에 나선 기업이 있다. 바로 일본의 대형 자동차 제조사 혼다로, 혼다와 GM은 2022년 4월 소형 크로스오버 전기차 공동 개발 계획을 발표했다. 두 회사가 얼티엄 플랫폼을 기반으로 한 전기차를 2027년경 출시한다는 내용이다. 그리고 이를 시작으로 상호 협력을 확대하기로 했다. 당연히 여기에 들어가는 배터리는 LG에너지솔루션의 몫이 될 것이다. 2022년 8월 뒤이어 혼다와 LG가 미국에 공동으로 배터리 합작 공장을 짓기로 한 것도 이러한 일련의 흐름이다.

최근 소니와 혼다가 '소니카' 제작을 위해 상호 협력하기로 했다는 발표가 있었다. 이 또한 당연히 얼티엄 플랫폼이 근간이 될 것이다. 즉, 이는 소니카에도 LG에너지솔루션의 배터리가 탑재된다는 것을 의미한다. 최근에 애플에서 만드는 전기차 애플카

GM은 전기차의 하드웨어 플랫폼으로 얼티엄 플랫폼을,
소프트웨어 플랫폼으로 클라우드 기반의
얼티파이를 개발했다.
이는 전기차 제작의 표준화가 이루어진다는 뜻이다.

**GM의 얼티엄 플랫폼**

가 회자되고 있는데, 이 또한 소니가 얼티엄 플랫폼을 활용하는 사례와 유사하게 진행될 가능성이 크다고 봐야 할 것이다.

얼티엄 플랫폼의 가장 큰 강점은 유연성이다. 모듈화된 LG의 파우치형 배터리 셀을 4개, 8개, 12개 등 넣는 개수를 달리함에 따라 다양한 형태의 전기차를 제작할 수 있다. 그 결과 GM은 3만 달러에 불과한 이쿼녹스EV부터 럭셔리 SUV 리릭, 4.2톤에 달하는 육중한 픽업트럭 험머 등 2025년까지 30여 종의 다양한 형태의 전기차를 출시해서 연간 100만 대의 판매 목표를 달성할 계획을 가지고 있다.

1920년대 세계 최고의 자동차 메이커는 포드였다. 포드의 모델T는 생산 과정에서 일대 혁신을 총집결한 최고의 차량으로 한 세대를 풍미했다. 이후 GM이 다양한 소비자의 니즈에 맞춘 다양한 형태의 차량을 내놓는 방법으로 포드를 제쳤고, 2000년대 초반까지 세계 최고의 자동차 메이커로 자리매김했었다.

전기차 시대에 먼저 선두로 나선 것은 테슬라다. 테슬라는 모델 S, 3, X, Y 단 4개의 혁신적 모델로 세계 전기차 시장을 선점했다. 이에 대한 GM의 대응은 과거 100여 년 전에 그랬던 것과 마찬가지로 다양한 형태의 차종을 내놓는 것이다. 유연성을 강점으로 가진 얼티엄 플랫폼을 기반으로 무려 30여 종의 전기차를 내놓음으로써 4종에 불과한 모델만 생산하고 있는 테슬라를 따라잡겠다는 것이 GM의 전략이다. 100여 년 전의 역사가 되풀이

GM은 2025년까지 세계적으로
30종의 전기차를 출시할 계획을 발표했다.
빠르게 전기차 라인업을 다변화하는 전략이다.

K 배터리 레볼루션

될지 귀추가 주목된다.

분명한 것은 얼티엄 플랫폼이 확장되고 표준화될수록 K 배터리가 세계 표준이 되어간다는 것이다. 이 또한 가장 앞선 기술력을 가진 K 배터리가 세계 전기차 시장을 장악할 수밖에 없는 이유다.

# 향후 K 배터리의 미래를 좌우할 요인들

K-Battery

　　기술력에서 K 배터리가 중국을 압도하는 것은 명확한 사실이다. 그렇다고 해서 K 배터리가 세계를 쉽게 제패하리라고 낙관할 수만은 없는 것 또한 사실이다. 배터리 산업은 구조적으로 광물 의존도가 높을 수밖에 없고, 자원의 안정적 확보라는 측면에서 대한민국은 중국에 비해 매우 취약하기 때문이다. 때문에 배터리 업체들의 전망에 대한 여러 기사들 중 자원 문제에 대한 기사가 유독 많은 것이다. 그렇다면 이 자원 문제를 어떻게 해결해야 할까. 자원 문제에 관련하여 어떤 것을 주의 깊게 살펴봐야 할까.

## ⚡ '광물 의존도'라는 분명한 문제

　　2022년 11월, 전국경제인연합회는 한국지질자원 연구원의 김유정 광물자원 전략연구 센터장에게 의뢰해

작성한 보고서를 공개했다. 「한국과 중국의 이차전지 공급망 진단 및 정책 제언」이라는 보고서에서 원료 확보에 대해 한국은 5점 만점 기준 1.3으로 '매우 미흡'하다는 평가를 받은 반면, 중국은 보통 수준인 3.3을 받았다. 우리나라는 이차전지 원료 광물의 대부분을 수입하고 있는데, 특히 중국 의존도가 높아서 '중국의 자원 무기화' 위협에 그대로 노출되어 있는 취약점을 갖고 있다고 지적했다. 이 문제는 대한민국의 미래를 위해 반드시 해결해야 할 과제임에 분명하다.

배터리라는 제품 자체가 광물 의존적일 수밖에 없다. 우선 에너지의 저장원인 '리튬'은 희귀 금속으로 수요에 비해 공급이 터무니없이 부족하다. 배터리 산업이 발전할수록 이와 같은 공급 부족 상황은 향후에도 이어질 수밖에 없다.

리튬만이 아니다. 리튬이온을 배터리의 양극에서 붙잡아두는 '양극재'에도 다양한 종류의 금속이 필요하다. 통상 우리나라가 많이 쓰는 삼원계 배터리에는 니켈, 코발트, 망간, 알루미늄 등이 양극재에 필요한 금속인데, 이 중 망간과 알루미늄은 가격도 저렴하고 쉽게 구할 수 있지만, 니켈과 코발트는 가격도 비싸고 안정적인 확보에 많은 노력이 요구되는 자원이다.

그 외 음극재에 필요한 흑연도 문제다. 흑연은 가격이 비싸지는 않지만 다량의 흑연이 우리와 경쟁 관계인 중국에 매장되어 있다. 양극박을 만드는 데 사용되는 알루미늄과 음극박에 사용되는 구리는 매장량이 풍부하고 매장지도 세계 곳곳에 다양하게 분포되어 있다는 점에서 다른 금속에 비해 상황이 나은 편이지만, 전기차용 이차전지의 성장세가 더욱 가팔라진다면 이 또한 안정적 공급을 장담할 수만은 없는 일이다.

이런 광물 가격의 상승과 수급 문제는 배터리의 원가와 직결된다. 배터리 원가가 kWh당 800달러이던 2010년쯤, 테슬라의 일론 머스크는 향후 기술 발전을 통해 2020년경에는 원가를 kWh당 100달러까지 떨어뜨릴 수 있을 것이며, 그렇게 되면 내연기관차보다 전기차가 더 저렴해질 거라고 말한 바 있다. 그의 말처럼 이후 기술 발전이 이어지면서 2020년에는 kWh당 원가가 135달러까지 빠르게 떨어진 바 있다.

그러나 이후 배터리 원가는 더이상 낮아지지 않고 오히려 소

**양극박**

충전용 배터리, 이차전지의 필수 소재 중 하나다. 이차전지의 용량과 전압을 결정하는 양극활물질을 지지하는 동시에 전자의 이동 통로 역할을 한다. 알루미늄 양극박은 전기 자동차용 배터리의 핵심 부품으로, 알루미늄을 20$\mu m$(미크론, 1mm의 1,000분의 1) 이하의 박 형태로 매우 얇게 가공해 만든다. 최근 전기차 제조업체들이 전기차의 주행거리를 늘리기 위해 고용량이면서 안전성이 확보된 배터리를 요구해 고품질의 양극박 수요가 늘어나고 있다.

폭 상승하는 일이 일어나고 있다. 이는 기술 발전의 속도보다 배터리를 구성하는 각종 광물, 특히 리튬 가격이 급상승한 데 기인한다. 이차전지용 광물의 가격이 지속 우상향하면서 배터리 원가 또한 추세적으로 상승하게 되면 어떤 일이 일어날까.

어떤 분들은 광물 가격의 상승 → 배터리 가격의 상승 → 전기차 가격의 상승이라는 현상이 일어나고 있으니 이로 인해서 내연기관차가 다시 경쟁력을 갖게 되지 않을까 생각하실 수도 있다. 결론부터 말하면 그런 일은 절대 일어나지 않는다. 우선 2035년경까지 주요 국가에서 내연기관차 퇴출을 공언하고 이를 이미 법제화시켜 놓았기 때문이다. 전기차로의 전환은 소비자의 선택에 의해 시작된 것이 아니라, 지구 온난화를 극복하기 위한 '글로벌 탄소 저감'이라는 세계적 합의에 의해서 추진되고 있는 사안이다.

내연기관차 퇴출 과정에서 전기차 대신 다른 대안을 찾게 되지 않을까. 남은 대안은 수소 전기차가 될 것이다. 수소 전기차는 배터리 전기차에 비해 촉매에 사용되는 '백금' 외에는 전혀 광물 의존적이지 않다는 장점이 있다. 현재는 가격 면에서 배터리 전기차의 상대가 되지 않지만, 광물 가격의 상승으로 배터리 가격이 지속 상승하게 되면 수소차의 가격 경쟁력이 확보되는 시점이 올 수 있을 것이고, 이 무렵에 본격적인 수소 전기차 시대가 열리게 될 것이다.

그 시점은 언제가 될까? 개인적으로 2027년에서 2030년 무렵이 되지 않을까 추측해본다. 이것이 대한민국 정부가 수소차에 대한 투자를 계속하는 이유이고, 전기차만이 아니라 수소 기술에도 관심을 기울여야 하는 이유이기도 하다.


## ⚡ '백색 석유' 리튬 확보 전쟁

20세기 초 내연기관 자동차 혁명이 일어나고 이후 100여 년간 세상은 '석유'를 중심으로 움직였다. 2020년대에 전기차 혁명의 시대가 도래하면서 이젠 '백색 석유' 리튬의 세상이 펼쳐지고 있다.

배터리는 광물 의존적이다. 그중 리튬에 대한 의존이 절대적이다. 양극재에 사용되는 니켈, 코발트, 망간 등은 대체할 물질을 찾을 수도 있고, 구리나 알루미늄은 고갈을 걱정할 필요가 없을 정도로 매장량이 아주 풍부한 금속이다. 그러나 리튬은 리튬이온 배터리를 사용하는 한 다른 광물로 대체도 불가능하고, 희귀 금속으로 분류될 만큼 매장량도 극히 제한적이다. 따라서 배터리 산업에서 지속적인 우위 경쟁력을 가져가기 위해선 리튬 자원의 안정적 확보가 무엇보다 절실히 필요하다.

한때 전기차 시대가 도래하면 삼원계 양극재 배터리의 주요

재료인 니켈 가격이 크게 오를 거란 전망이 많았다. 그러나 실제로 리튬 가격이 2년 사이에 10배가 오를 동안 니켈 가격은 고작 수십 퍼센트 상승에 그쳤다. 게다가 니켈의 수요 중 전기차 분야에 사용되는 수요는 10%가 채 안 된다.

현재 니켈 수요 중 60% 이상은 스테인리스스틸을 만들 때 철과의 합금 용도로 사용되고 있다. 이는 구리의 경우도 유사한데, 전기차에 사용되는 구리의 양은 내연기관차의 8배에 달하지만, 그래도 여전히 전선용으로 사용되는 구리의 수요 비중이 여전히 압도적이다.

그러나 리튬은 상황이 완전 다르다. 현재도 리튬의 수요 중 전기차 배터리용 수요가 절반을 넘고 그 외 IT용, 전동공구용, ESS

**ESS**

ESS는 에너지 저장 시스템Energy Storage System으로 수백 kWh 이상의 전력을 저장하는 단독 시스템을 말한다. ESS는 신재생에너지 산업의 핵심이다. 태양광, 풍력의 신재생에너지는 원하는 시간에 전력을 생산하기 어렵기 때문에, 저장했다가 필요한 시간대에 사용할 수 있게 하는 게 중요하다. ESS는 세계적으로 널리 설치되는 추세다. 일본은 2011년 동일본대지진 이후 원자력 발전의 가동을 전면적으로 중단하는 한편, 전력 예비율을 높게 유지하고 비상 정전에 대비하기 위해 보조금 지원으로 ESS를 적극 지원했다.

용 등 다양한 형태의 리튬이온 배터리에 사용되는 비중을 합치면 수요 중 70%를 배터리가 차지한다.

앞으로 전기차가 지금의 10배로 늘어난다고 할 때, 수요 비중이 10%인 니켈은 100% 추가 생산만 해도 충분하지만, 리튬은 최소 5배가 더 필요하게 된다. 여기에다 차량당 탑재되는 에너지양이 증가하게 되면 늘어나야 할 리튬의 양은 더 많아진다. 이런 부분까지 감안하면 리튬 수요는 더욱 많이 늘어나게 된다. 에너지 전문 시장조사 기관인 SNE리서치는 2030년까지 리튬 수요가 5배 증가한다고 전망했는데, 스위스 투자은행 UBS는 2030년까지 현재의 8배, 유럽연합 EU는 2050년까지 60배의 리튬이 더 필요할 것으로 전망하고 있다.

이런 수요 증가 속도에 비해 리튬의 공급 증가는 극히 제한적이다. 리튬은 크게 두 가지 형태로 채굴된다. 하나는 스포듀민spodumene이라는 광석에서 추출하는 방식이고, 다른 하나는 염호에서 추출하는 방식이다. 광석 형태의 리튬은 현재 오스트레일리아에서 채굴되는 양이 50% 정도로 가장 많고, 염호에서 추출하는 리튬은 리튬 트라이앵글이라 불리는 칠레, 아르헨티나, 볼리비아 3국에 집중되어 있다.

이에 세계 각국에서 리튬 광산 탐사와 경제적으로 채취 가능한 염호에 대한 조사가 속속 이뤄지고 있다. 그러나 탐사에서 실제 생산에 이르기까지는 많은 시간이 걸린다는 문제가 있다. 통

리튬의 원료가 되는 스포듀민. 오스트레일리아, 콩고민주공화국 등에
다량 매장되어 있다. 추출 비용이 높고, 그 과정에서 일어나는 오염 문제도 심각하지만
리튬의 농도가 높다는 장점이 있다.

상 리튬 광산의 경우는 최소 4년, 염호는 최소 8년의 기간이 걸리는 것으로 알려져 있고, 이는 지금부터 열심히 탐사를 시작한다 해도 향후 5~10년 정도는 리튬 공급이 심각하게 부족할 수밖에 없다는 것을 의미한다.

앞에서도 살펴보았듯이 2018년 포스코그룹이 아르헨티나 움브레 무에르토 염호 개발권을 3,000억 원에 매입하여, 2024년 무렵에는 염호에서 리튬을 추출·생산하는 시설이 완공될 예정이다. 본격적인 리튬 생산은 2025년부터 이뤄질 것으로 보이는데 그렇게 되면 K 배터리 산업에 큰 도움이 될 것이다. 한국으로서는 참 다행스러운 일이지만, 이것만으로는 K 배터리가 총필요로 하는 리튬 수요에 턱없이 부족하다. 더 많은 리튬 자원 확보를 위해 K 배터리 업계 모두의 노력이 절실히 필요하다.

물론 리튬의 안정적 확보를 위해서 LG에너지솔루션, SK온 등 배터리 회사들도 열심히 노력하고 있다. 이런 노력의 결과로 오스트레일리아, 캐나다, 독일 등의 리튬 개발 업체와 장기 공급 계약을 속속 맺고 있지만 여전히 리튬 공급은 부족하다. 더 적극적인 노력을 기울여야 한다. 염호나 광산 등 리튬의 개발 단계에서부터 뛰어들 필요가 있다. 그래야 보다 싸게, 보다 많은 리튬을 안정적으로 확보할 수 있다. 포스코그룹의 움브레 무에르토 염호 확보에 이어 2022년 11월 금양은 콩고민주공화국의 리튬 광산 개발에 뛰어들었다. 만약 이 프로젝트가 성공하면 금양은 국내 최초로 리튬 광산을 소유하게 되는 기업이 된다. 이처럼 리튬 광산이나 염호의 초기 단계 개발 프로젝트 참여에 다른 국내 업체들도 뛰어들 필요가 있다.


## ⚡ 미국 IRA 법안에 대한 진실과 거짓

　　　　　K 배터리 산업과 관련하여 엄청난 기점을 만들어준 미국의 IRA 법안에 대해 살펴보자. 이 법안은 2022년 8월 16일 조 바이든 대통령의 서명에 의해 발효되었다. IRA 법안은 '인플레이션 감축 법안'이란 이름을 달고 있긴 하지만, 사실 인플레이션 감축과는 크게 관계가 없다. IRA 법안은 미국의 신재생에너지 산업을 진흥하는 것이 그 첫 번째 목적이고, 그보다 더 중요한 목적은 미래 성장산업인 전기차와 이차전지 산업에서 미국의 패권에 도전하는 중국을 배제하고 미국과 동맹국 위주로 밸류체인을 재편하려는 것이다.

　미국 백악관에서 2022년 10월에 발표한 「국가안보전략National Security Strategy」 문서를 한번 살펴보자. 이는 향후 미국의 10년을 이끌어갈 핵심 어젠다를 표방하는 내용을 담고 있는 매우 중요한 문서다.

　이 문서에는 IRA 법안과 관련하여 "우리의 경쟁우위를 유지하기 위한 국력에의 투자Investing in Our National Power to Maintain a Competitive Edge"라는 대명제 아래에 IRA 법안이 통과되었고, 그 최종 목표는 중국의 경제적 패권 야욕을 꺾기 위함이라는 내용이 또렷이 기재되어 있다. 그간 중국은 미국과 같은 패권국가로 발돋움하기 위한 경제력 확보를 위해 국가 차원에서 각종 불공정한 처사를 벌여왔다. 특히 이차전지 분야에서 선두를 확보하기 위해 부당하게 K 배터리 업체에는 보조금을 주지 않는 방법 등으로 CATL 같은 자국 배터리 업체를 집중 육성해왔다. 특히 중국 정부 차원에서 '일대일로一帶一路' 등의 방법으로 아프리카, 아시아 같은 저개발 국가의 자원을 싹쓸이해왔다. 반면 많은 국가들이 환경오염 등의 문제로 자원을 제·정련하는 산업에 소홀할 때, 적극적으로 관련 산업을 적극 육성하여 이차전지 관련 자원을 장악해왔다.

**일대일로**

일대일로란 중국 주도의 '신新 실크로드 전략 구상'으로 중국 내륙과 해상의 실크로드 경제벨트를 말한다. 2013년 시진핑 주석이 시작한 제안으로 동남아시아, 중앙아시아, 서아시아, 아프리카, 유럽을 육해공으로 잇는 인프라, 무역, 금융, 문화 교류의 경제벨트다. 2021년 기준으로 140여 개 국가 및 국제기구가 참여하고 있다.

미국의 IRA 법안의 지향점은 기본적으로
탈중국 공급망을 구축하는 것이다.
반도체에서 시작된 공급망 전쟁이
배터리와 소재 분야로 확대되고 있다.
IRA 법안에 의하면 소비자가 전기차 구입 시
보조금을 받으려면 미국 또는 미국과 FTA를 체결한
국가에서 생산한 원료와 소재를 사용한 배터리가
전기차에 탑재되어야 한다.

이대로 가다 보면 주요 자원을 중국이 독점하고, 그 독점을 기반으로 이차전지 산업 전체를 중국이 좌지우지할 수 있는 상황에까지 이르게 되었다. 이것이 에너지 혁명 시기에 패권국가로서의 중국의 위치를 더 막강하게 만들어줄 요인이 되고 있기에, 미국은 이를 아주 큰 위협요소로 느끼게 되었다. 이에 IRA 법안을 통과시켜 이차전지 자원의 중국 의존도를 탈피하려는 커다란 여정을 시작한 것이다.

처음 IRA 법안이 통과되었을 때 국내 일각에서는 IRA 법안 중 광물 및 원재료 관련 부분이 지나치게 엄격해서 국내 업체들이 이 규정을 과연 충족할 수 있을까 하는 회의론이 크게 일었던 것도 사실이다. 그러나 중국이 자원을 장악하여 이차전지 산업 전반에 큰 위협으로 작용할 수 있을 것이라는 자각을 국내 배터리 업계도 이미 하고 있었다. IRA 법안이 성안되는 과정에서 GM, 포드 등 미국의 파트너 업체들을 통해 법안의 취지와 규제 방안에 대한 내용이 이미 공유되고 있었고, 이에 따른 대비책도 국내 이차전지 업체들은 이미 진행하고 있었다.

그럼 구체적으로 어떤 대응이 필요할까. IRA 법안 내용 중 광물Critical Minerals과 부품Component 규정을 충족하기 위해 가장 먼저 해결해야 할 것은 리튬, 전구체precursor, 양극재 등이다. 리튬과 전구체 등 광물 분야는 단계적으로 미국과 FTA를 체결한 국가에서 생산되는 비중을 늘려야 한다. 부품은 미국 내에서 생산되는 비중을 순차적으로 늘려야 하는 과제가 주어져 있다.

우선 리튬 문제는 포스코그룹이 가장 큰 역할을 맡고 있다. 2018년에 매입한 움브레 무에르토 염호는 아르헨티나에 있는데, 아르헨티나는 미국과 FTA가 체결되지 않은 국가다. 이에 이 리튬을 한국의 광양으로 가져와서 전기차용 수산화리튬으로 가공하여 FTA 규정을 충족할 계획이다. 그 외 LG에너지솔루션, SK온 등 배터리 업체들도 미국과 FTA 체결국인 호주, 캐나다와 협력하여 리튬 장기공급 계약을 맺고 있다.

다음으로 전구체 문제 해결은 어떻게 되고 있을까. 배터리에서 전구체는 양극재를 만들기 위한 기초 재료를 말한다. 전구체 생산은 수년 전부터 진행되고 있었다. 에코프로그룹은 포항에 있는 에코캠퍼스에 전구체 생산 라인을 이미 완공하였고 빠르게 규모를 확대할 계획이다. LG화학은 고려아연과 전구체 생산 합작법인을 이미 설립하여 대응할 계획이다. 포스코케미칼은 전남 광양에 전구체 생산 라인을 건설 중으로 2026년까지 6,000억 원을 투자해 전구체 내재화율을 67%까지 높일 계획이다.

부품 분야를 살펴보자. 부품의 경우 양극재 공장을 미국 현지에 지어야만 IRA 법안의 해당 규정을 충족할 수 있다. 먼저 포스코케미칼이 GM과의 양극재 공동사업체(조인트 벤처)를 캐나다에 지을 계획을 발표했다. 이어 에코프로그룹도 포드, SK와 함께 북미에 1조 원 규모의 양극재 공동사업체 계획을 발표하였다. 최근

## 미국 IRA 법안의 상세 내용

미국 IRA 법안은 인플레이션을 잡기 위해 만든 법안으로, 2022년 11월에 있었던 중간선거에서 바이든 정부가 승리하기 위한 목적도 있었다. 이 법안은 법인세 등의 세금을 부과해 재원을 확보하고, 그 재원을 기후위기 대응, 에너지 안보, 보건 의료 지원 등에 투자하는 내용을 담고 있다. 우선 재원 마련 부분을 보면 당기순이익이 10억 달러 이상인 기업에게 최소 15%의 법인세를 부과하고, 자사주를 매입할 때 매입액의 1%를 과세한다. 이 재원 중 기후위기 대응과 에너지 안보를 위해 사용되는 내용은 다음과 같다.

청정에너지: 2030년까지 온실가스 40% 감축에 3,690억 달러를 투자.

1. 친환경 에너지 산업 지원: 태양광, 풍력 업체에 600억 달러 규모의 세액 공제 및 인센티브 제공.
2. 가정용 태양광 에너지 사용 확대: 750만 가구를 대상으로 주택에 태양광 패널 설치 시 30% 세액 공제.
3. 전기차 구입 시 세액 공제: 중하위 소득층을 대상으로 전기차를 구입 시 신차는 최대 7,500달러, 중고차는 최대 4,000달러 세액 공제. 이때 중국 등 우려 국가에서 생산된 원료와 소재를 사용한 전기차는 제외.
4. 전기차 배터리 보조금 지급: 미국 또는 미국과 FTA를 맺은 국가에서 원자재를 조달했거나 제조한 전기차 배터리에 보조금 지급.

보건의료 지원: 건강보험 확대가 주요 골자.

1. 건강보험료 보조금 지원: 1,300만 명에게 연평균 800달러 건강보험 보조금 지급을 연장.
2. 노인 처방약 부담 감소: 메디케어 파트 D를 가진 노인 5,000만 명에게 처방약 본인 부담금 감소를 위해 상한선 연간 2,000달러로.
3. 당뇨병 환자 인슐린 비용 감소: 메디케어에 가입된 330만 명의 당뇨병 환자의 인슐린 비용 감소를 위해 상한선 월간 35달러로.

에는 LG화학이 4조 원을 들여 북미에 양극재 공장 건설을 짓기로 한 계획을 발표한 바 있다.

　IRA 법안 발표 초기, 국내 일각에서는 '중국에 대한 자원 의존도가 절대적이어서 관련 규정 충족이 불가능할 것이다'는 말이 나오기도 했다. 그 말을 들으면서 '미국이 IRA 법안을 만든 취지도 그렇고, 관련 규정을 맞추기 위해 이미 수년 전부터 국내 배터리 업체들은 열심히 노력하고 있는데, 막연한 패배감과 불안감에 사로잡혀 이런 것들을 놓치고 있지 않나'하는 아쉬움이 들었다. 장애물이 눈앞에 있으면 뛰어넘을 생각을 해야 한다. 그 앞에서 주저앉아버리는 것은 아니다.


## ⚡ 경제도 국민의 수준이 좌우한다

　　　　　　반도체의 시대가 가고 배터리의 시대가 오는 것은 분명하다. K 배터리 산업은 특히 그 기술력으로 누구도 따라오기 힘든 우위를 점했다. 그랬다면 K 배터리 산업이 성장하기 위한 노력은 단지 해당 업체들만의 일이 아니라, 국가의 미래를 위해 모두가 함께해야 하는 일이다.

　특히 정부의 외교적 노력이 중요하다. 미국 IRA 법안 통과로 이제 '자원의 탈중국화'는 선택이 아닌 필수가 되었다. 안정적 자원 확보를 위해서는 아프리카, 라틴아메리카, 아시아 국가의 광산이나 염호 개발에 뛰어들 수밖에 없다. 이와 같은 일은 일개 기업 차원에서 진행하기에 많은 어려움이 존재한다. 특히 정부 차원에서 자원 확보에 적극 나서고 있는 중국과의 경쟁에서 승리하기 위해서라도 우리 정부 차원의 외교적 지원이 절실히 필요하다.

그간 자원 확보를 위한 국가적 지원은 현장에 있는 업체들의 관점에서 볼 때 미흡했던 것이 사실이다. 이명박 정부 시절 적극적으로 추진했던 자원 외교가, 불투명한 사업 진행과 지나치게 공격적인 투자 집행 등으로 한국광물자원공사가 심각한 자본잠식 상태에 빠져 한국광해광업공단으로 통폐합되는 등 많은 문제가 있었다. 때문에 지난 문재인 정부 시기에 해외 자원 개발에 소홀할 수밖에 없었다.

그 사이에 중국은 자원 개발에 대한 각종 지원 및 장려 정책, 아프리카 등 저개발국가에 대한 차관 제공 등 다양한 방법으로 국가적 차원에서 자원 확보에 심혈을 기울여왔다. K 배터리의 중국 광물 의존도가 심해진 데는 이와 같은 원인도 있다.

다행히 K 배터리 업계에서 정부 차원의 지원을 적극 요구하고, 2022년 8월 미국 IRA 법안이 시행되면서 이차전지 자원 확보에 대한 정부의 태도도 적극적으로 바뀌고 있다.

일례로 산업통상자원부가 주최한 '제3차 산업전략 원탁회의'

에서는 '배터리 얼라이언스 구축'이 주요하게 다뤄졌다. 그간 이차전지와 관련된 광물 확보는 개별 기업에게 오롯이 맡겨져왔는데, 이제부터는 민관 상호 협력을 통해 해외 자원 확보에 나서게 된다는 것이 주요 골자다.

여기에는 배터리 산업의 소재, 제련, 정련 기업 등 공급망의 각 단계와 관련된 주요 업체들과 관련 공공기관이 참여한다. LG에너지솔루션, SK온, 삼성SDI 등 셀 3사는 물론 포스코홀딩스, 포스코케미칼, 고려아연 등 제·정련 분야에 오랜 업력을 가진 소재 기업들과 한국광해광업공단, 전지협회, 수출입은행, 무역보험공사 등 공공 유관기관들이 총망라된다.

정부는 한국광해광업공단 등에서 다양한 프로젝트를 민간에 먼저 제안하고, 사업성을 함께 검토하는 방식으로 프로젝트를 진행하겠다는 계획이다. 아울러 폐배터리 기술을 적극 지원 육성하여 배터리 재활용 순환 체계도 함께 구축한다.

자원 확보에서 외교적인 노력이 중요한 이유는 우선 이미 살펴본 바와 같이 주요 광물인 리튬, 니켈, 코발트가 지역적으로 소수의 나라에 편재되어 있기 때문이다. 리튬의 경우 매장량의 55%를 칠레, 아르헨티나, 볼리비아의 3개국이 차지한다. 니켈은 인도네시아가 매장량의 22%를 가지고 있으며, 코발트의 60% 이상이 콩고민주공화국에 매장되어 있다.

그런데 이 나라들은 과거 오랜 기간 서구 열강의 식민지로 있으면서 각종 자원을 약탈당한 아픈 역사가 있다. 그래서 외세에 의한 자원 침탈에 대한 국민적 반감이 크고 이런 정서가 '자원 민족주의'로 귀결되는 경우도 허다하다. 실제로 칠레, 아르헨티나, 볼리비아 '리튬 삼각 3국'은 최근 석유생산기구인 OPEC과 유사한 형태의 '리튬 카르텔'을 결성하기 위한 논의에 들어갔다.

인도네시아는 자국의 니켈을 채굴하는 조건으로 인도네시아 현지에 배터리 공장 혹은 전기차 공장을 건설하게 하려는 정책을 펼치고 있다. 실제로 현대차와 LG에너지솔루션의 합작 공장이 인도네시아에 건설되고 있기도 하다. 콩고민주공화국의 코발트는 최근까지 중국의 전유물로 여겨졌으나, 중국에 일방적으로 유리한 계약 조건을 파기하고 자국에 유리한 조건으로 변경하기 위한 논의가 이어지고 있다.

이런 상황이다 보니 정부 차원의 외교적 노력이 필수적이다. 단순히 광물을 캐내 오는 것이 아닌, 대한민국과 자원 보유국이 상호 발전할 수 있는 파트너의 관계를 맺어야 한다. 우리는 광물을 얻고 그 대가로 자원 보유국은 경제 발전의 기회를 가질 수 있어야 한다.

이를테면 아르헨티나 염호에서 리튬을 안정적으로 공급받는 대가로 아르헨티나에 꼭 필요한 공장 건설이나 기술 이전 등의 혜택을 제공하는 방식이 있어야 한다는 것이다. 이런 일은 일개 기업 차원이 아니라 반드시 정부 차원의 외교적 노력이 수반되어야 하는데 이에 대한 국민적인 성원도 절실히 요구된다.

민주주의 국가에서 국가의 주요 정책은 여론을 반영할 수밖에 없다. 어떤 정책이든 여론의 강력한 뒷받침 없이는 추진력을 얻기 어렵다. 문재인 정부 시절 국내 기업들이 해외 자원 개발에 적극적으로 뛰어들 수 없었던 데에는 과거 이명박 정부의 자원 외교에 대한 반감과 이차전지 광물 확보의 중요성에 대한 국민적 무관심이 작용한 영향도 크다.

해외 자원 확보 노력에 대해 부정적인 여론이 있으면 정부도 정치권도 영향을 받게 된다. 기업들 역시 필요성이 있는데도 쉽사리 나서기 어렵다. 정치철학자 알렉시스 드 토크빌의 "모든 국민은 자신들의 수준에 맞는 정부를 가진다"라는 말이 있다. 정치와 경제는 따로 분리되어 있지 않다. 정치가 시민의 수준을 따라가듯, 경제도 마찬가지다. 우리 시민들이 이차전지 산업에 대해 제대로 이해하고 있어야만 배터리 산업을 키우기 위해 노력해온 수많은 이들이 앞으로도 더 열심히 노력할 수 있을 것이다.


## ⚡ 안 될 일이 아니라 미래를 위해 해결해야 할 일

미국 IRA 법안이 통과되고 난 후 우리나라 이차전지 산업이 IRA 법안의 혜택을 받을 수 있는지에 대해 많은 논란이 있었다. "배터리 광물 소재의 중국 의존도가 심하게는 90%가 넘는데 IRA 법안의 세부 규정을 단기간에 어떻게 맞출 수 있냐"는 식의 부정적 시각이다. 이와 같은 'K 배터리 비관론'은 지난 몇 년간 특히 여의도 증권가를 중심으로 확산되어 있었다. 중국은 일단 내수만으로도 거대한 시장을 가지고 있어, 이를 바탕으로 세계 1위의 시장점유율을 차지할 수 있다. 광물과 소재 등의 자원을 중국이 장악하고 있다. K 배터리는 중국 배터리의 상대가 안 된다. 그러니 CATL, BYD 같은 중국의 배터리 업체, 전기차 업체에 투자하는 게 낫다는 것이다.

이런 여의도의 잘못된 인도로 인해, 일례로 미래에셋 증권의 '타이거 차이나 전기차 솔렉티브 ETF(주식처럼 거래가 가능하고 특정 주가지수의 움직임에 따라 수익률이 결정되는 펀드)'는 2022년 6월 무려 4조 원의 순자산을 달성하기도 했다. 이 ETF는 2020년 12월에 상장되었는데 '중국 배터리가 한국 배터리보다 낫다'는 오해 속에 빠르게 성장을 거듭하여, 2021년 순자산이 3조 원에 도달한 데 이어서 불과 1년 반 만에 순자산 4조 원을 돌파하는 기염을 토했다. 2022년 6월 기준으로 한국거래소에 상장된 해외주식형 ETF 중 가장 큰 규모이며, 전체 ETF 중에서도 코덱스 코스피200에 이어 두 번째로 크다. 중국의 전기차와 이차전지 산업에 투자하는 ETF가 대한민국 이차전지 산업에 투자하는 ETF보다 월등히 그 규모가 큰 것이다.

국내 증시에서 이런 일이 벌어지는 것을 보면 많은 생각이 든다. 최근에 주식을 시작한 많은 이들이 '주식과 기업은 별개'라고 생각한다. 그러나 절대 그렇지 않다.

주식의 뒤에는 기업이 있다. 우리가 특정 회사의 주식을 산다는 것은 그 회사를 응원한다는 의미가 있다. 주식을 사는 행위의 결과로 주가가 오르면 해당 기업은 보다 유리한 조건에서 유상증자, 전환사채 발행, 외부 차입 등의 활동을 할 수 있게 되고, 그렇게 모인 자금으로 미래를 위한 투자를 진행한다. 그리하여 그 투자에 대한 성과를 애초 투자한 이들에게 불려서 돌려주는 것이 주식 시장의 존재 이유다.

이는 ETF의 경우도 마찬가지다. K 이차전지 ETF에 투자하면 그 돈은 한국 이차전지 산업이 성장하는 데 밑거름이 되지만, 중국 이차전지 ETF에 투자하면 그 돈은 중국의 이차전지 산업을 키워서 그 산업의 칼끝이 우리 경제의 목줄기를 노리게 된다. 물론 주식투자는 돈을 벌기 위해 하는 일이다. '검은 고양이든 흰 고양이든 쥐만 잘 잡으면 된다'는 사고로 중국에 투자하든 한국에 투자하든 무슨 상관이냐고 반문할 수도 있다. 그러나 투자도 성공하고 내가 사는 나라의 경제도 성장한다면 더 좋은 일일뿐더러, 더 미래지향적이다. 더구나 K 배터리의 기술력, 경쟁력, 미래 전망이 중국보다 탁월한 상황에서라면 더더욱 그럴 것이다.

이런 이야기를 길게 하는 이유가 있다. K 배터리는 중국의 상대가 안 된다는 잘못된 생각 아래 중국 이차전지 ETF를 주력으로 밀어온 특정 증권사에서 배터리 산업의 자원, 소재 문제를 한국이 해결하지 못할 것이란 이야기를 계속해서 내놓고 있기 때문이다.

자사 상품이 잘나가길 바라는 마음이야 당연하겠지만, 정도가 지나칠 때가 있다. K 배터리보다 중국이 나은 부분이 있으면 그걸 과대 해석하고, 특히 배터리 산업 자체가 중국 의존도에서 결코 벗어날 수 없을 것이라고 강조하는 건, 가만히 두면 올 장밋빛 미래를 일부러 무너뜨리는 일일 수 있다. 나 또한 여의도에서 일했던 사람으로서 개탄스럽다.

1970년대의 일이다. 박정희 대통령이 정주영 현대 회장을 청와대로 불렀다. "사우디에서 건설 공사를 우리 대한민국이 맡아줄 수 있겠냐는 연락이 왔습니다. 공무원들은 사우디는 사막에다 물도 없고 너무 더워서 도저히 우리나라 기업이 공사를 할 수 없는 환경이라고 합니다. 정 회장이 직접 다녀오셔서 안 된다고 하면 나도 포기하겠습니다." 이 말을 듣고 정주영 회장은 사우디행 비행기에 몸을 실었다. 사우디에 다녀온 정 회장은 이렇게 말했다.

"사우디는 건설에 너무나 좋은 천혜의 환경이었습니다. 첫째, 식수는 바닷물을 담수화해서 사용하면 됩니다. 둘째, 사막에 모래가 넘치니 그걸로 시멘트를 만들면 됩니다. 셋째, 비가 안 오니 1년 내내 공사를 할 수 있습니다. 넷째, 사막에 큰 천막을 쳐놓고 그 아래서 낮엔 잠을 자고 시원한 밤에 공사를 하면 됩니다."

이것이 대한민국 경제가 크게 도약한 계기가 된 중동 건설 붐의 시작이다. 산업이란 이런 것이다. 안 된다고 미리 결론부터 내리면 될 일 따위 없다. 우리나라의 미래를 위해, 우리 다음 세대들에게 더 좋은 나라를 물려주기 위해서 꼭 해내야 할 일이라면, 안 된다고 하지 말고 될 수 있는 방법을 찾아보는 것이 마땅하지 않을까.

앞에서 살펴본 K 배터리 산업을 이끈 네 명의 거인들을 비롯하여, 지난 30여 년간 대한민국 화학인들의 피, 땀, 눈물이 미래의 가장 중요한 산업인 이차전지 산업에 담겼다. 그로 인해 우리 K 배터리는 압도적인 초격차 기술력을 확보하게 되었다.

물론 K 배터리 산업에 약점이 있고, 해결해야 할 문제들이 계속 생겨날 수 있다. 그렇지 않은 사업은 어디에도 없다. 게다가 이미 살펴보았듯이, 충분히 해결할 수 있는 문제들이고 이미 해결해오고 있었던 문제라면, 앞으로 모두 머리를 모아가는 게 더 현명한 선택일 것이다.

'주식농부'라는 이름으로 유명한 박영옥 대표는 다들 미국 주식, 중국 주식을 살 때에도 본인은 한국 주식만 투자한다고 한다. '한국 주식에 투자하는 것이 한국 기업을 응원하는 것이고, 돈을 벌더라도 우리 공동체에 기여하는 방법으로 돈을 번다'는 본인의 투자 철학 때문이다. 그렇게 투자해도 수천억 원대의 자산가가 된 이도 있다.

'궁즉통窮則通'이라 했다. 매우 궁한 상황에 처하면 오히려 해결할 방법이 생긴다는 말이다. 이 말처럼 이차전지 관련 광물, 소재의 중국 의존도를 줄여나가는 방법을 K 배터리 기업들과 정부가 찾아가고 있다.

자원 문제와 관련하여 우리가 알아야 할 사실이 있다. 중국도 사실은 '자원 빈국'이다. 이차전지를 만드는 데 필요한 주요 광물 중 흑연 외에는 중국의 매장량이 많지 않다. 광물형 리튬은 오스트레일리아와 라틴아메리카 3국에 있고, 니켈은 인도네시아, 코발트는 콩고민주공화국에 주로 매장되어 있다.

다만 광물형 리튬을 정제해서 탄산리튬이나 수산화리튬 등의 소재를 만드는 곳이 주로 중국이고, 니켈과 코발트를 제·정련하여 전구체를 주로 만드는 곳이 중국뿐이다. 이러한 제·정련 작업을 중국이 장악하고 있는 데는 두 가지 이유가 있다. 첫째 제·정련 작업 과정에서 일어나는 심각한 환경오염 문제를 중국 당국이 감수하고 있기 때문이다. 둘째는 덩샤오핑 시절부터 광물의 제·정련을 장악하여 글로벌 공급망을 독점하려는 중국 정부의 전략이 작동하고 있기 때문이다.

애초에 광물 자원 자체가 중국에 주로 매장되어 있다면 해법은 없다. 그러나 광물의 처리 분야에서 중국이 지배력을 갖고 있는 것인 만큼, 당연히 해법도 존재한다. 광물 보유국과의 협력적

외교를 통해 우리나라가 광물 자원을 확보하는 것이 그 첫 번째 해법이고, 친환경적 공법 등 여러 방법을 통해 우리 손으로 직접 광물 제·정련 사업에 뛰어드는 것이 두 번째 해법이다.

첫 번째로 광물 자원을 직접 확보하는 방법은 한국만의 요구가 아니라, 자원 매장국들 역시 가지고 있는 요구이기도 하다. 일례로 2022년 10월 모하마두 부하리 나이지리아 대통령이 10년 만에 한국을 방문했는데, 그는 대한민국이 나이지리아의 이차전지 광물, 특히 리튬 투자에 적극 나서달라고 제안했다.

그간 리튬은 오스트레일리아나 라틴아메리카 대륙에 많이 매장되어 있는 것으로 알려졌는데, 최근 나이지리아, 콩고민주공화국 등 아프리카 대륙에도 풍부하게 매장되어 있는 것이 속속 알려지고 있다.

원래 아프리카 대륙은 중국의 앞마당이었다. 지난 수십 년간 중국은 아프리카 자원에 눈독을 들이고 막대한 차관을 제공했다. 또한 현지의 부패한 정치권에 뇌물을 제공하면서 영향력을 확대해왔다. 이미 수많은 중국 기업과 정부 기관이 아프리카에 진출해 있고, 다양한 광물 자원 프로젝트를 진행하고 있다. 때문에 아프리카의 자원은 당연히 중국이 주도권을 가지고 있다고 여겨졌다.

그런데 최근 들어 중국의 '일대일로' 사업이 파키스탄, 스리랑카, 몰디브 등 아시아와 아프리카 곳곳에서 심각한 문제를 일으키고 있다. 그 결과 아프리카 대륙 전역에 중국에 대한 경계감이 번져가고 있다. 중국은 자국의 이익만 극단적으로 추구하고 아프리카 국가와의 상생 발전에는 무관심하니, 믿을 만한 새로운 파트너를 찾자는 움직임이 크게 일어나고 있다. 그 유력한 파트너로 한국이 떠오르고 있다. 세상은 넓고 우리가 확보할 수 있는 광물은 여전히 많다.

둘째, 국내에서 광물 제·정련을 담당하는 것이다. 이미 전구체 분야에선 에코프로그룹, 고려아연그룹, 포스코그룹 등의 생산 설비가 속속 완공되고 있고, 빠른 속도로 그 생산량이 늘어날 것이다. 흑연 등 다른 이차전지 소재에 대한 탈중국화 움직임도 착착 진행되고 있지만 역시 가장 중요한 것은 환경오염이 심각한 리튬의 제·정련이다. 스포듀민이라 불리는 광석 형태의 리튬을 전기차 배터리에 사용하는 탄산리튬이나 수산화리튬으로 만드는 과정에는 아주 독한 황산으로 스포듀민을 녹이는 공정이 들어간다. 이 과정에서 심각한 수질 및 토질 오염이 발생한다. 이에 친환경적 방법으로 가공하는 공법의 개발이 선행되어야 할 것이고, 이 과정이 국내에서 진행될 수 있도록 사회적 합의가 뒷받침되는 노력이 필요하다. 이 두 과제 모두 결국 인류의 에너지 혁명 과정에서 반드시 이루어질 수밖에 없는 일이라면, 우리가 먼저 나서서 해결할 수 있도록 모두가 함께 응원하고 방법을 찾는 것이 더 현명하다.

*chapter*

# 05

⚡

# 배터리 산업에 대한 5가지 거짓과 진실

K 배터리 업체에 투자를 생각하는 이들이 많을 것이다. 그러나 다른 분야에 비해 배터리 분야를 생소하게 여겨 투자를 망설이는 이들도 많다. 세계 경제 전체가 어려울 것이라는 이유로 조심스러울 수는 있겠지만, 배터리 산업 자체에 대한 오해도 심각하다. 이런 잘못된 오해로 인해 배터리 관련이라 해도 엉뚱한 곳에 투자했다가 손해를 보는 이들도 있다. 대표적인 다섯 가지 오해가 있다. 여기에서는 이 오해들을 찬찬히 살펴봄으로써 K 배터리에 대한 제대로 된 이해를 돕고자 한다.

## ⚡ 자동차 회사들이 결국 배터리를 직접 만들 것이다

2020년 9월 테슬라는 '배터리 데이Battery Day' 행사를 가졌다. 다음 해 2021년 3월 폭스바겐은 '파워 데이Power Day' 행사를 개최했다. 두 행사의 골자는 전기차 시장의 주요 메이커인 테슬라와 폭스바겐이 전기차의 심장인 배터리를 자체적으로 만들겠다는 이른바 '배터리 내재화 선언'이다. 이들의 행보에 의해 K 배터리 업계의 미래에 대한 의구심이 크게 일어났고, 당시 주가도 이를 반영해 크게 떨어지는 일이 있었다.

그러나 배터리 데이 이후 2년, 파워 데이 이후 1년 반이 지난 이 시점에서 자동차 제조사들의 호기로운 선언은 '한여름 밤의 꿈'일 수 있다는 상황이 드러나고 있다. 4680 원통형 배터리를 직접 생산하여 픽업트럭 전기차 사이버 트럭Cyber Truck을 내놓을 예정이었던 테슬라는 그 출시 시기를 2021년 말에서 2022년 중반으로 미뤘고, 다시 2023년 중반에서 2023년 말로 계속해서 연기하고 있다. 이제는 2023년 말 출시조차 불확실한 상황이다.

그 사이 K 배터리를 탑재한 리비안의 R1T, 포드의 F-150 라이트닝, GM의 허머EV 등 픽업트럭이 속속 출시되었다. 이는 테슬라의 아성을 위협했고 테슬라의 주가 하락으로 그대로 이어졌다. 예정된 일이었다.

관계사 노스볼트를 통해 배터리 내재화를 꾀했던 폭스바겐의 계획 또한 심각한 어려움에 봉착해 있다. 2025년까지 대규모 양산 예정이었던 노스볼트의 계획은 일정이 속속 연기되고 있고, 최근에는 독일에 지을 예정이었던 제2공장의 경우 착공이 무기한 연기되었다. 독일의 노스볼트 외에 유럽 각국은 정부의 지원 등을 바탕으로 자국 내에 배터리 업체를 양성하는 계획이 있었

테슬라가 개최한 2020 배터리 데이에서
일론 머스크와 드루 바글리노는 4680 배터리를 공개하며
배터리 산업의 게임 체인저로 나서겠다는 계획을
발표했으나, 이 야심이 과연 성공할지는 의문이다.

다. 그러나 최근 영국의 배터리 기업 브리티시볼트는 파산 위기에 처해 있고, 이탈리아의 기업 이탈볼트는 심각한 자금난에 직면해 있으며, 세계 4위의 완성차 업체 스텔란티스와 프랑스의 에너지 기업 토탈 산하에 있는 사프트가 합작해 만든 배터리 기업 ACC 또한 공장 착공을 연기하였다.

여기에는 2022년 들어 세계 금리가 크게 오르고 자금 시장이 얼어붙은 이유가 크다. 대규모 투자가 필요한 유럽의 신생 배터리 업체들이 자금 확보에 심각한 어려움을 겪고 있다.

'하고 싶다고 다 할 수 있는 것은 아니다.' 이 말은 자동차 제조사들의 배터리 내재화 계획에 딱 들어맞는다. 1980~1990년대 NBA의 세계화를 이끈 농구 황제 마이클 조던이 한때 미국 프로야구로 외도한 적이 있다. 당시 마이클 조던을 신처럼 생각했던 사람들은 NBA에서 보여준 마이클 조던의 퍼포먼스가 워낙 대단해서 야구로 전업하더라도 곧 MLB에 자리를 잡고, 3할은 쉽게 칠 것으로 기대했다. 그러나 조던은 야구라는 스포츠에서는 햇병아리에 불과했다. 마이너리그에서도 1할대를 전전했고, 가끔 기록했던 안타조차도 포수가 조던의 사인을 얻는 조건으로 구질을 귀띔해준 덕분이었다고 한다. 왜 같은 스포츠인데 만능맨이 안 되는 걸까. 그러나 상식적으로 생각하면 당연한 일이다. 농구 선수와 야구 선수가 기본적으로 사용하는 근육이 다르고, 농구계를 제패한 마이클 조던의 기술이 야구에서는 쓸모가 없기 때문이다.

이런 원리는 자동차 회사들이 배터리 제조에 뛰어들 때도 마찬가지다. 자동차는 그 근본이 '기계 기술'이다. 독일의 그 유명한 벤츠사에는 '벤츠 박물관'이 있는데 그 입구에는 백수십 년에 걸친 벤츠의 엔진 개발 기술의 역사가 전시되어 있다. 그 긴 세월 동안 기술을 갈고 닦아 만든 벤츠의 엔진은 세계 최고의 자동차로 벤츠가 자리매김하는 근간이었고, 그야말로 '기계 기술'의 결정체였다.

그러나 전기차에는 엔진이 없다. 엔진의 자리를 배터리와 모터가 대신한다. 또한 배터리는 기계 기술이 아니라 '화학 기술'의 결정체다. 애초에 화학 기술 기반이 없는 자동차 회사들이 배터리를 만든다는 것 자체가 난센스다. 화학 기술과 기계 기술의 차이는 농구와 야구의 차이보다 훨씬 크다.

그러니 테슬라와 폭스바겐이 아무리 대단한 회사라 해도 배터리 산업에서는 초보에 불과하다. 화학 산업을 기반으로 하는 LG에너지솔루션조차 십수조 원의 손해를 감수하면서 30년 동안 각고의 노력 끝에 이만큼의 기술력을 축적했다. 아무리 세계적인 기업이고 자원을 투여해도 화학 산업의 초보자들이 배터리 산업에 뒤늦게 뛰어들어 이 격차를 따라잡는다는 것은 망상에 가까운 일이었다.

이와 관련하여 LG에너지솔루션 권영수 부회장의 말을 곱씹어

볼 필요가 있다. 2022년 1월 LG에너지솔루션 상장을 앞두고 권 부회장은 완성차 업체의 배터리 내재화 움직임에 대해 '미련을 못 버리고 있다'며 일침을 가했다. 통상 배터리의 공급은 신차 개발 단계인 34개월 전에 결정된다. 이는 만약 테슬라가 가장 좋은 배터리를 만들었다고 한들 자사의 전기차에만 공급이 가능하지, 타 자동차 제조 회사는 절대 사용하지 않을 거라는 사실을 의미한다. 신차 개발 단계에서 설계도를 경쟁 자동차 회사에게 고스란히 제공할 정신 나간 자동차 회사는 없을 테니 말이다.

권 부회장은 폭스바겐에 대해서도 "자사에 한해 배터리를 공급하고, 그것도 일부만 공급하게 된다"면서 더하여 "재료와 공정 등 전 영역에서 LG에너지솔루션이 가진 지식재산권을 피할 방법이 없다"고 말했다. 또한 "규모의 경제가 쉽지 않고 대규모 연구 개발도 용이하지 않다"고 덧붙였다.

완성차 업체가 배터리 내재화를 시도한 것은 테슬라나 폭스바겐이 처음은 아니다. 10여 년 전 일본의 닛산, 미쓰비시 등도 시도한 적이 있었으나 처절하게 실패한 전력이 있다. '약은 약사에게 진료는 의사에게'처럼 '차는 자동차 제조사가 배터리는 배터리 제조사가' 하는 것이 순리다.

## ⚡ 테슬라 4680 배터리는 게임 체인저다

2022년 3월 7일 한국자동차연구원은 산업 동향 보고서를 낸다. 이 보고서는 테슬라가 집중하는 4680 배터리가 전기차 배터리 업계 판도를 뒤바꿔놓을 것이라고 주장한다. 이 내용이 국내 언론에 집중 보도되는 걸 보면서 개탄했던 기억이 있다. 전기차 산업과 관련하여 세계에서 가장 영향력이 큰 기업이 테슬라임은 분명하다. 그러나 이 보고서의 내용은 여러 면에서 신뢰하기 어렵다.

우선 한국자동차연구원이 배터리 산업을 분석할 전문성이 있는가. 자동차 연구원이기 때문에 자동차 산업의 근간인 기계 산업에 대해서는 일가견이 있을 것이다. 하지만 화학 기술이 근간인 배터리에 대해 제대로 판단할 역량을 갖추고 있다고 말하기 어렵다. 화학 박사가 자동차 엔진에 대해 마치 전문가인 것처럼 말한다면 우스꽝스러운 것처럼 그 반대도 마찬가지다.

이 보고서는 "테슬라가 2020년 공개한 중대형 원통형 배터리는 2022년 양산을 앞두고 있으며, 대량 생산에 성공할 경우 전기차 배터리의 생산성과 원가 경쟁력을 개선할 수 있다"고 분석했다. 그러나 이제 누구나 알고 있듯이 그 시기가 지난 현재도 테슬라는 중대형 원통형 배터리를 생산하지 못하고 있으며, 2023년에도 어려울 것이라는 게 현지에서 들려오는 소식이다. 아마 테슬라는 4680 배터리 대량 양산에 영영 실패할 가능성이 오히려 더 커 보인다. 그런데 어떻게 이와 같은 예측을 할 수 있었을까.

보고서를 보면 또렷한 근거 없이 테슬라의 발표를 믿는 듯하다. "테슬라가 2021년 4분기 실적을 발표하면서 올해 중으로 4680 배터리를 탑재한 모델 Y 차량을 양산할 것이라고 선언했다"고 하는데, CEO의 선언이 곧 현실이 되는 것은 아니다.

특히 일론 머스크의 성향을 볼 때 더욱 그렇다. 일론 머스크가 제안하는 내용이 언젠가 업계가 이룰 미래일지는 모르겠지만, 그의 사업 계획이 타임 스케줄에 맞추어 이루어진 것은 거의 없다. 심지어 아예 폐기된 것도 태반이다. 오죽하면 '테슬라 타임'이란 말이 다 생겼을까.

2016년 테슬라는 2019년까지 뉴욕에서 샌프란시스코까지 완전 자율주행이 가능한 차를 출시하겠다고 발표했다. 그러나 2022년 현재 테슬라의 차량은 레벨 2 수준의 반자율주행, 즉 ADAS(Advanced Driver Assistance System: 첨단 운전 보조 시스템) 수준에 머물러 있다. 2020년 9월 배터리 데이 때는 3만 달러 이하의 보급형 전기차를 내놓겠다고 약속했으나 이 또한 감감무소식이다. 2030년이 되면 한 해에 2,000만 대의 차량을 생산할 것이라고 호언장담했으나, 2022년 150만 대밖에 생산하지 않았다. 이마저도 중국 시장에 감당할 수 없는 재고가 쌓여 2022년 12월에는 생산을 20% 줄인다는 보도가 나왔다.

머스크의 공언대로 전기차 시대는 열렸다. 그가 설립한 우주 탐사기업 스페이스 X는 재활용 로켓을 쏘아올리는 데 성공했다. 그러나 수많은 말 중에 단 두 개가 성공했을 뿐이다. 대부분의 약속과 계획이 다 어긋났는데도 테슬라의 CEO가 말했으니 되리라고 논리를 전개하는 것은 합리적이지 않다.

이 보고서가 4680 배터리에 대해 다루는 방식을 봐도 이와 같은 문제점이 드러난다. 보고서는 테슬라가 4680 배터리를 개발한 핵심 의도는 생산성 개선을 통한 배터리 원가 절감 효과이며, 테슬라가 4680 배터리 양산에 성공하면 원가에서 확실한 우위를 가져 기존 각형, 파우치형 배터리를 사용하는 완성차 업체들은 가격 경쟁력에서 난항을 겪을 가능성이 크다고 지적하고 있다. 이 또한 테슬라 측의 주장을 일방적으로 옮겨놓은 것에 다름이 없다.

앞에서 각형, 파우치형 배터리의 필요성에 대해서 이미 살펴보았다. 2021년 11월 GM의 메리 바라 회장은 LG와 공동으로 개발한 파우치형 얼티엄 배터리가 기존 배터리 대비 40% 원가 절감에 성공했고, 그러면서 더 가볍고 더 멀리 가는 성능 향상에도 성공했다고 자랑스레 발표한 바 있다.

만약에 4680 원통형 배터리가 실제로 나온다고 하더라도 LG-GM의 얼티엄 파우치형 배터리에 비해 원가가 더 저렴할 것일까. 의문을 가져봐야 한다고 생각한다.

테슬라의 3만 달러 전기차는 무소식이지만 파우치형 얼티엄 배터리가 탑재된 3만 달러 미만의 전기차는 이미 개발에 착수했다. 2022년 4월 GM은 혼다와 손잡고 3만 달러 미만의 중저가 시장을 겨냥한 새로운 전기차 공동 개발에 나설 계획을 발표했다. 양 사는 공동 개발한 전기차 첫 모델을 2027년 북미 시장에 선보일 예정이며, 여기에는 LG가 제공하는 파우치형 얼티엄 배터리가 탑재된다. 이미 살펴본 바 파우치형 배터리가 '가장 값싸고 가볍고 부피가 적은' 가장 우수한 배터리임은 분명하다. 다만 4680 원통형 배터리 생산이 안정화되면 각형 배터리보다는 원가 경쟁력을 가질 가능성이 클 것이다. 실제 전기차 배터리 시장의 판도도 그렇게 움직이고 있다. 중국 CATL, BYD는 주력이던 각형 배터리에서 4680 원통형이 완성된다는 가정하에 빠르게 원통형과 파우치형으로 중심을 이동하고 있다.

가장 중요한 사실은 테슬라가 배터리 데이 때 4680 원통형 배터리라는 폼팩터를 세상에 널리 알린 것은 사실이나, 테슬라 혼자서 4680 배터리 개발에 나선 것은 아니었다는 점이다. 처음부터 LG에너지솔루션, 파나소닉이 함께 4680 배터리 설계 및 개발에 뛰어들었다. 마치 테슬라가 모든 것을 구상하고 계획한 것처럼 알려진 것은 심각한 오해다. 건식 공정, 실리콘 음극재 등의 기술 또한 K 배터리 업계의 소재 업체들이 연구 개발해서 기술의 진전을 이뤄놓은 것이다. 이를 마치 자신들이 자체적으로 만든

신기술로 4680 배터리를 만들 수 있는 것처럼 떠벌리는 것에 불과하다. 양극재, 음극재, CNT 도전재(양극, 음극 내 전자 이동을 촉진하는 역할을 하는 물질) 등 소재 관련 기술에서 테슬라는 '제로' 수준이나 다름이 없다.

그럼에도 불구하고 이 분야의 전문가라면서 배터리 산업의 근처도 안 가본 이들이 테슬라의 배터리 기술, 양극재, 음극재 기술, 건식 공정의 우수성에 대해 열변을 토하는 것을 보면 할 말을 잃는다.

중국에 이런 말이 있다. "소위말학부수 귀이이천목자야所謂末學膚受 貴耳而賤目者也." 이는 643년 당나라 태종이 명령해 편찬한 역사서 『진서晉書』에 나오는 구절이다. "공부의 깊이가 아주 얕은 사람일수록 멀리서 들려오는 소리는 귀하게 여기고 가까이 눈으로 보이는 것은 천하게 여기는 자가 많더라"는 뜻이다. 여기에서 나온 '귀이천목貴耳賤目'이라는 말은 보물을 멀리서 찾는 이들을 일컫는다.

귀동냥으로 듣고 아는 척하는 가짜 전문가들일수록 앞서 있는 K 배터리는 하찮게 여기고 테슬라나 CATL 같은 외국 기업들을 대단하게 생각하는 풍토에 어울리는 말이라 생각된다. 배터리 산업의 중요성을 생각하면 이와 같은 풍토는 하루빨리 사라져야 할 것이다.

## ⚡ 중국 CATL이 세계 최고의 배터리 회사다

귀이천목의 또 다른 경우가 중국의 1위 배터리 업체 CATL에 대한 고평가다. K 배터리 업계와 여의도 간의 간극이 가장 큰 부분이 또한 CATL에 대한 평가이기도 하다. 앞서 말한 차이나 이차전지 ETF의 영향 때문인지 여의도에서는 CATL을 글로벌 넘버원 배터리 회사로 여기는 사람들이 많은 것 같다. 그러나 현장에서 CATL은 중국 정부의 비호 아래 덩치만 클 뿐 K 배터리의 기술력에 현저하게 뒤처지는 회사로 평가된다. 글로벌 시장 점유율 1위인 기업에게 왜 이렇게 이야기하는 것일까.

2022년 1~10월까지 CATL의 글로벌 시장 점유율은 35.3%로 2021년 보다 4.1% 늘어 세계 1위 자리를 5년 연속 차지했다. 이에 비해 LG에너지솔루션은 7% 하락한 13.8%, SK온은 0.3% 증가한 6.2%, 삼성SDI는 0.2% 하락한 4.8%라는 글로벌 시장 점유율을 각각 기록했다. K 배터리 3사의 점유율을 다 합해도 24.8%로 중국 CATL 한 회사의 35.3%에도 못 미치는 수치인데, K 배터리 위기론의 단골 소재로 사용되고 있다. 그러나 이는 현재 가장 큰 시장인 중국 배터리 시장을 중국 정부가 부당하게 밀어주면서 CATL 등 중국 배터리 업체들이 독식한 데 따른 '중국 착시 효과' 때문이다. 이 자체가 배터리 업체 간의 경쟁력 우위나 향후 배터리 업체들의 성장 전망에 대한 근거 자료가 되지는 못한다. 그럼

세계 배터리 시장 점유율에서
중국 내수 시장 왜곡 효과가 꽤 크다.
이를 보정하고 살펴보면
K 배터리 업체의 점유율은 압도적이다.

**연간 누적 글로벌 전기차용 배터리 사용량** (중국 시장 제외, 단위 GWh)

| 순위 | 제조사명 | 2021.1~9 | 2022.1~9 | 성장률 | 2021 점유율 | 2022 점유율 |
|---|---|---|---|---|---|---|
| 1 | LG에너지솔루션 | 36.9 | 43.7 | 18.4 | 35.7% | 30.1% |
| 2 | CATL | 12.9 | 27.4 | 112.4 | 12.5% | 18.9% |
| 3 | Panasonic | 26.2 | 27.4 | 4.6 | 25.4% | 18.9% |
| 4 | SK온 | 10.8 | 21.2 | 95.8 | 10.5% | 14.6% |
| 5 | 삼성SDI | 9.9 | 16.3 | 64.8 | 9.6% | 11.3% |
| 6 | AESC | 3.0 | 2.9 | -1.4 | 2.9% | 2.0% |
| 7 | PEVE | 1.6 | 1.4 | -10.7 | 1.6% | 1.0% |
| 8 | Sunwoda | 0.3 | 1.0 | 218.3 | 0.3% | 0.7% |
| 9 | LEJ | 0.5 | 0.7 | 43.6 | 0.4% | 0.5% |
| 10 | BYD | 0.4 | 0.6 | 56.7 | 0.4% | 0.4% |
| | 기타 | 0.8 | 2.3 | 185.7 | 0.8% | 1.6% |
| | 합계 | 103.3 | 145.0 | 40.4 | 100.0% | 100.0% |

중국 시장을 제외하면 어떤 결과가 나올까.

중국이라는 불공정한 시장을 제외하고 보면 LG에너지솔루션이 여전히 확고한 글로벌 1위 업체다. 공정한 경쟁이 이루어지는, 중국 제외 글로벌 시장에서 2022년 1~9월까지 LG에너지솔루션은 30.1%의 점유율로 18.9%의 CATL과 일본의 파나소닉을 멀찍이 따돌리고 있다. SK온과 삼성SDI를 포함한 K 배터리 3사의 합산 점유율은 과반을 넘는 56%다.

2016~2021년까지 중국을 제외한 세계 전기차 배터리 시장의 연간 점유율 추이를 한번 살펴보자. 이를 보면 K 배터리의 위상이 어떻게 변화해왔는지를 명확하게 알 수 있다. 원래 배터리의 최고 강자는 일본이었다. 최초로 리튬이온 배터리를 개발한 곳이 1991년 소니였고, 기술력에서 늘 우리나라를 한발 앞섰던 게 일본이었다. 그러던 것이 2020년을 기점으로 한국 52.4% 대 일본 33.5%로 역전했다. 2021년, 2022년으로 갈수록 한일 간 격차는 더 벌어지고 있다.

반면 2019년까지 한 자릿수에 불과했던 중국이 2020년 12.6%, 2021년 16.9%로 시장 점유율을 빠르게 키웠고, 2022년에는 20%대 선을 가볍게 넘어설 것으로 예상된다. 물론 중국 외에서도 CATL 등이 시장 점유율을 높여가는 현상은 보다 세밀하게 살펴볼 필요가 있다.

2022년 CATL이 중국 외 시장에서 점유율을 넓힌 것은 CATL

중국 시장을 제외하고 보아도, 2021년부터
중국 배터리 업체의 시장 점유율이 높아지는 현상이 있다.
그러나 향후 미국 IRA 법안의 영향을 생각하면
중국 정부의 지원에도 불구하고 중국 업체들의 점유율이
비약적으로 느는 건 어려워 보인다.

**세계 전기차 배터리 한·중·일 점유율 추이** (중국 판매분 제외, %)

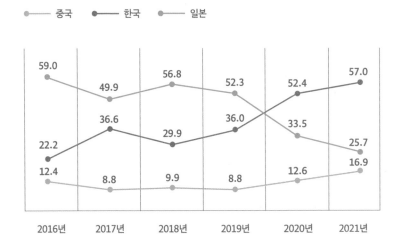

배터리 제품의 경쟁력이 우수해서가 아니라 중국 정부의 지원이라는 비경제적 이유가 작용했기 때문이다. 중국 밖에서 CATL의 배터리를 사용하는 곳은 테슬라와 벤츠다. 테슬라는 생산과 판매의 과반 이상을 중국에 의존하고 있다. 벤츠의 1대, 2대 주주는 각각 10% 수준의 지분을 가진 중국의 국영 자동차그룹 상하이기차공업총공사와 저장지리홀딩그룹의 지리자동차다. 중국에 지나치게 의존적이거나, 중국 기업의 입김이 강한 곳에 CATL의 배터리를 어쩔 수 없이 사용하는 것이라 봐야 한다.

CATL 배터리의 성능이 떨어진다는 사실을 명확히 보여주는 것이 벤츠의 전기차 EQS, EQE 사례. 1, 2대 주주가 중국 기업이고, 벤츠를 가장 많이 사주는 해외 국가가 중국이다 보니 벤츠는 중국 정부의 눈치를 볼 수밖에 없는 상황이다. 이에 중국 정부의 숙원인 CATL의 해외 진출을 돕기 위해 벤츠의 전기차 중에서도 고가의 모델인 EQS, EQE에 CATL의 NCM 배터리를 채택하였다. 그런데 CATL의 NCM 배터리는 K 배터리에 비해 현저히 성능이 떨어진다. 그 결과 EQS, EQE 모델의 판매가는 1억 원을 훨씬 넘어서는 데에도 그에 맞는 퍼포먼스를 구현하지 못하다 보니, 소비자의 철저한 외면을 받아 아주 처참한 판매 실적을 기록하고 있다. 중국에서는 최근 EQS 판매가격을 무려 4,000만 원이나 낮춰서 판매하고 있는 실정이다.

정치적 이유로 질 낮은 CATL의 배터리를 사용한 결과 소비자들의 외면을 받게 된 것이고, 이렇게 분명한 사례가 있는 만큼 정상적인 경쟁 상황에서 CATL 등 중국 배터리의 중국 외 시장 진출은 어렵다고 봐야 할 것이다.

사실 답은 이미 나와 있다. 권 부회장이 말했듯이, 전기차용 배터리는 통상 34개월 전에 어느 회사의 어떤 사양의 배터리를 쓸지가 미리 결정된다. 때문에 2025~2026년경에 누가 배터리 제왕의 위치에 올라설지는 이미 결론이 나 있다고 할 수 있다. 왕좌는 LG에너지솔루션의 몫이다. 현재 글로벌 자동차 브랜드 판매 상위 10개사 중 무려 9개 회사가 LG에너지솔루션의 고객이다. LG에너지솔루션의 2022년 3분기 말 기준 수주잔고는 370조 원으로 CATL에 비해 많이 앞서 있는 것으로 평가된다. 2025년 말 글로벌 시장의 총 생산능력은 무려 600GWh에 근접할 것으로 보인다. 특히 북미 시장에서 LG에너지솔루션에 대한 러브콜이 쇄도하고 있기 때문에 앞으로 수주잔고와 생산능력은 더 빠르게 늘어날 수도 있다.

이에 비해 CATL의 미래는 암울하다. 무엇보다 결정타를 맞은 것은 미국의 IRA 법안 통과다. 그동안 CATL은 '전기차 & 이차전지 굴기'를 꿈꾸는 중국 정부의 전방위 지원 아래 경쟁사인 K 배터리 업체들의 손발을 부당하게 묶어놓은 상태에서 손쉽게 성장해왔다. 이를 바탕으로 경제적 패권국을 지향해왔는데, 이를 미국이 가만히 두고 볼 리가 없다. 중국이 자국 내에서 했던 똑같은 방법으로 중국의 이차전지 업체들, 특히 CATL을 미국 시장에서 배제하려고 만든 법안이 바로 IRA 법안이다.

그리고 이를 유럽으로까지 확대해 RMA 법안을 제정하고, 유럽에도 중국 특히 CATL을 배제하려는 계획이다. 중국을 넘어 세계 시장으로 나아가려던 CATL의 계획은 무산되고 있고, 이는 고스란히 K 배터리 업체의 호재로 작용하고 있다. 그간 온갖 불공정한 방법으로 커온 중국의 배터리 산업인 만큼 '뿌린 대로 거둔다'는 말이 떠오르지 않을 수 없다.

## ⚡ 대륙 특유의 허풍 기술에 속지 말자

1980~1990년대에 크게 흥행했던 〈동방불패〉와 같은 중국 무협영화를 보면 장풍에 수백 명이 쓰러지고 경공으로 하늘을 나는 등 멋진 장면들이 나온다. 현실에서는 불가능한 영화적 표현을 당시에 '대륙의 허풍'이라고 불렀다. 최근 여의도에서 마치 우리가 빨리 따라잡아야 할 대단한 기술처럼 언급되는 CTP, 배터리 스왑, 나트륨 배터리, 기린 배터리 등은 중국 무협영화에서 자주 봤던 '대륙 특유의 허풍'에 가깝다. 왜 그렇게 봐야 하는지 하나씩 살펴보자.

## 1) 더 가볍게 만든다는 CTP 기술

CTP는 셀투팩Cell To Pack 기술을 말한다. 이는 배터리모듈을 생략해 배터리셀에서 바로 배터리팩으로 이어지는 설계 기술이다. 배터리모듈을 없애 공간을 더 확보하면 에너지밀도를 높이고 부품 개수는 줄여 비용을 절감할 수 있기 때문에 파우치형 배터리와의 경쟁에서 우위를 점할 수 있다.

중국 CATL은 배터리 공간 활용률을 약 20% 높인 셀투팩 기술을 개발했다. 이는 K 배터리에 비해 현저히 떨어지는 에너지밀도 문제를 해결하기 위해 내놓은 해결책이나, 결론적으론 미봉책에 불과한 한계가 뚜렷한 기술이다. 전기차용 이차전지는 통상 '셀cell – 모듈module – 팩pack' 형태로 구성된다. 셀은 우리가 흔히 보는 건전지 낱개를 생각하면 이해가 쉬울 것이다. 그 셀을 여러 개 합친 다음 화재와 외부 충격으로부터의 안정성을 강화하기 위해 플라스틱 케이스로 감싼 것이 모듈이고, 그 모듈을 여러 개 합친 것이 팩이다. CTP 기술은 이 과정에서 모듈 단계를 생략한다.

중국 업체들이 CTP 기술을 활용하는 것은 에너지밀도가 낮은 LFP 양극재로 전기차용 배터리를 만들 경우, 동일 에너지당 K 배터리에 비해 월등히 무거워지는 단점을 극복하기 위해서다. 예를 들어 아이오닉급 고성능 전기차에 쓰이는 니켈 90%급의 하이니켈 배터리와 비교하면 중국의 LFP 배터리는 400kg 이상 더 무겁다.

그래서 상품성이 많이 떨어지게 되니 이를 만회하고자 플라스틱 껍데기인 모듈 작업을 생략하고 바로 팩 단계로 가는 것이다. 그렇게 플라스틱 모듈을 없앤다 해도 줄일 수 있는 무게가 얼마나 되겠는가? 고작 수 킬로그램 정도에 불과할 것이다. 기술적인 관점에서 보면 높은 에너지밀도를 가진 양극재를 개발해 배터리의 무게를 줄이는 것만이 제대로 된 해결책이라 할 수 있다.

또 다른 이유는 중국의 주력인 LFP 각형 배터리는 애초에 모듈 단계를 생략하기 아주 손쉬운 구조라는 것이다. LFP는 소재 구조상 화재 위험성이 적고, 각형이라 셀 단위에서 철제 캔으로 안전하게 보호받기 때문에 굳이 모듈 단계를 거치지 않더라도 화재 및 외부 충격으로부터의 안전이 어느 정도 확보되어 있다. 이에 비해 K 배터리의 주역인 하이니켈 파우치형 배터리는 그렇지 않다. 니켈 함량이 높아질수록 화재 위험성은 그만큼 더 커진다.

파우치형은 무게를 줄이기 위해 비닐과 유사한 재질로 만들기 때문에 외부 충격에 그만큼 더 취약하다. K 배터리 업체가 CTP 기술을 적용하지 못했던 것은 바로 파우치형 배터리의 구조적 이유 때문이었다. 그런데 2022년 9월 LG에너지솔루션이 하이니켈 파우치형 배터리에 CTP 기술을 적용하는 데 성공했다. 2025년 NCM622 배터리부터 시작해서 점차 적용 범위를 넓혀갈 계획인데, 이렇게 되면 그나마 하나 남아 있던 중국의 자랑거리도 더이상 남아 있지 않게 된다.

## 2) 충전을 대체한다는 배터리 스왑 기술

중국 업체에서 적극 추진 중인 배터리 스왑(Swap, 교환) 시스템 또한 K 배터리에 비해 한참 떨어지는 에너지밀도 때문에 나온 고육책이다. 중국의 배터리 업체들은 기술력 부족과 화재 제어 능력 부족 등의 이유로 1위 업체 CATL을 제외하곤 거의 모두가 LFP 배터리 기술만 갖고 있다. LFP 배터리는 에너지밀도가 많이 떨어져서 1회 충전 주행거리를 증가시키려 하면 배터리의 무게가 하염없이 커지게 된다. 그래서 어쩔 수 없이 30~50kWh급의 배터리를 만들 수밖에 없고, 그러다 보니 1회 충전 주행거리가 300km 내외로 짧다.

게다가 LFP 배터리는 겨울이 되면 주행거리가 40~50% 수준으로 급격히 떨어진다. 이러다 보니 전기차 충전 시스템이 더 많이 필요하지만, 전기차 충전은 급속으로 하더라도 통상 30분~1시간씩 걸린다. 전기차 충전소만으로는 문제 해결이 충분치 않자, 중국 정부에서 내놓은 고육책이 바로 배터리 스왑 시스템이다. 배터리 교환소에서 2~3분 정도의 짧은 시간 안에 미리 준비된 충전 완료 배터리로 교체함으로써 이 문제를 해결하고자 하는 것이다. 충전을 위해 기다리지 않고 빠른 시간에 배터리를 통

중국 니오가 제시한 배터리 교환소의 이미지.
전기차의 긴 배터리 충전 시간 문제를 해결하는 대안으로 나왔다고 하나,
이는 전기차 시장의 핵심 기술이라 보기 어렵다.

째로 교체하는 시스템이 매력적으로 보일 수 있다. 이 또한 하나만 알고 둘은 모르는 단견이다.

실제 배터리 스왑을 먼저 시도한 것은 테슬라였다. 테슬라는 2017년 90초면 배터리 교환이 가능하다고 대대적으로 홍보하면서 의욕적으로 배터리 스왑을 도입했지만, 얼마 지나지 않아 철수하고 말았다. 왜 테슬라의 배터리 스왑은 성공하지 못했을까. 배터리 스왑이 중국에서만 가능하고 우리나라를 비롯하여 글로벌 시장에서 성공하기 어려운 데는 세 가지 이유가 있다.

첫째, 배터리 스왑이 작동하기 위해서는 배터리가 표준화되어 있어야 한다. 그런데 배터리는 계속 발전하고 있어 표준화가 불가능하다. 불과 몇 년 만에 NCM 622에서 NCM 811, NCM 9까지, 에너지밀도가 크게 개선된 더 나은 배터리가 속속 개발되고 있다. 폼팩터 측면에서도 파우치형, 원통형, 각형 세 가지 형태가 다 사용된다. 중국은 LFP 각형 배터리라는 단일 형태로 기술 발전이 정체되어 있기 때문에 가능한 것이다.

둘째, 충전 시간이 단축되고 있다. 충전 대신 스왑을 하는 이유는 급속 충전을 해도 30분에서 1시간 정도의 긴 시간이 소요되기 때문이다. 그러나 K 배터리 업계는 충전 속도를 높이기 위한 기술 개발에 노력해왔고, 그 결과 충전 시간이 비약적으로 줄어들고 있다.

충전 시간과 관련된 부분은 음극재에서 실리콘 함량을 높이는 기술과 관련이 깊은데, 이 기술에서 가장 앞서 있는 곳이 K 배터리다. 현재 K 배터리 업체가 개발을 완료해 현대차가 적용하고 있는 초급속 충전 시스템은 18분이면 80%까지 충전이 가능하다. 이는 테슬라가 전기차 확산을 위해 개발한 태양광 기반 고속 전기 충전소, 슈퍼차저의 30분에 비해서도 월등히 빠른 것이다. 현재 K 배터리는 충전 시간을 10분 내로 압도적으로 단축하는 기술 개발에 집중하고 있다.

셋째, 충전은 스왑보다 저렴하다. 전기차용 배터리는 보통 무게가 500㎏ 이상으로 아주 무겁다. 이렇게 무거운 배터리를 교환하려면 아주 고가의 시설과 기계 장비가 필요하게 마련이며, 그러다 보니 스왑의 비용은 충전에 비해 훨씬 비쌀 수밖에 없다. 실제로 종합상사인 LX인터내셔널 관계자에게 "배터리 스왑에 대해 검토해봤는데 도저히 경제성이 나오지 않는다"는 이야기를 들었다. 배터리 굴기를 꿈꾸는 중국 정부로서 경제성은 크게 중요하지 않겠지만, 중국 외의 시장에서는 배터리 스왑을 사용하기 어렵다. 결국 이 또한 중국 내에서나 사용되는 시스템이라는 것이다.

### 3) 리튬을 대체한다는 나트륨 배터리 기술

CATL은 중국 정부의 불공정하고 노골적인 지원 아래 자국 시장 장악을 바탕으로 세계에서 가장 덩치가 큰 배터리 기업으로 성장했다. 그러나 글로벌 최고의 기술력을 보유한 곳은 니켈 90%급의 울트라 하이니켈 기술을 구현한 LG에너지솔루션 등 한국의 배터리 3사다.

실제 업계에서 바라보는 CATL은 '실력은 떨어지는데 정부의 비호 아래 덩치만 큰' 회사로 인식된다. 그러다 보니 CATL은 원활한 투자를 위해 자신들의 기술력이 K 배터리에 못지않다는 점을 계속 보여줄 필요가 있고, 그래서 실제 실현 가능성이 낮다 해도 여러 기술을 홍보 목적으로 내놓는다. 그중 하나가 바로 '나트륨이온 배터리'다.

최근 몇 년 사이에 리튬 가격이 크게 오르고 있다. 불과 1~2년 만에 배터리용 탄산리튬 가격이 열 배가 넘게 올랐고, 향후에도 빡빡한 수급 사정으로 리튬 가격의 장기 상승세는 쉽게 꺾이지 않을 것이다. 이에 착안해 CATL이 내놓은 것이 귀하고 비싼 리튬 대신 흔하고 값싼 나트륨, 즉 소금 혹은 소듐sodium을 배터리의 원재료로 사용하겠다는 것이다. 이것이 바로 '나트륨 배터리'다. 결론부터 말하면 나트륨 배터리는 상업화되기 어렵다. 혹 상용화가 되더라도 전기차용은 아닐 것이다.

그 이유는 바로 에너지밀도 때문이다. 1992년 소니가 다루기도 어렵고 화재의 위험성도 있는 리튬을 기반으로 하는 리튬이온 배터리를 만들게 된 것은 리튬이 가장 가벼운 금속이기 때문이다. 가벼운 원소=높은 에너지밀도라는 사실은 화학적 물성物性이어서 절대 극복될 수 없는 요인이다.

원자번호 3번의 리튬의 원자량(=원자의 상대적 무게)이 7인데 비해, 원자번호 11번 나트륨의 원자량은 23이다. 이론적으로 나트륨이온 배터리는 리튬이온 배터리에 비해 3분의 1의 에너지밀도를 가진다. 이는 세 배 더 무거운 배터리가 된다는 말이다. 따라서 무게가 중요하지 않은 에너지 저장 시스템 ESS 등에 제한적으로 사용가능할 뿐, 무게가 중요한 전기차용으로는 적합하지 않다. ESS 시장은 2020년 4조 원에서 2027년 17조 원 수준으로 예상된다. 이는 전기차용 배터리 시장의 2% 정도에 불과한 작은 시장이다. 이런 이유로 나트륨이온 배터리는 크게 신경 쓰지 않아도 될 아이템에 불과하다. 그런데도 나트륨이온 배터리가 소재값 폭등으로 인해 엄청난 주목을 받을 거라는 기사가 나오고, 이를 그대로 옮기는 이들이 있다. 이 책 앞부분에 배터리와 관련된 기본 지식부터 설명한 이유가 바로 이와 같은 잘못된 정보에 휘둘리지 않기 위해서다.

### 4) 1,000km를 간다는 기린 배터리 기술

K 배터리에 비해 뒤떨어진 기술력의 CATL이 자본 시장에서의 원활한 자금 조달을 위해 또 하나 내놓은 '허풍선'이 바로

1,000km를 간다는 기린Qulin 배터리다. 2022년 6월 CATL은 1회 충전 1,000km, CTP 3.0, 10분에 80% 급속 충전, 테슬라 4680보다 13% 더 많은 에너지 용량 등의 문구로 도배된 기린 배터리 발표 행사를 개최했다. 문제는 이런 대륙 특유의 허풍을 언론과 여의도가 아무런 검증 없이 대대적으로 퍼 날랐다는 것이다.

관련 기사에서 확인할 수 있는 단 하나의 사실은 "에너지밀도를 255Wh/kg까지 끌어올렸다는 게 회사 측 설명이다"라는 것뿐이다. 이 책에서 줄곧 강조했듯이 배터리에서 가장 중요한 부분은 에너지밀도이다. CATL에서 밝힌 기린 배터리의 에너지밀도 255Wh/kg은 K 배터리 기준으로 NCM811 배터리에 근접한 수치다. 그러나 이정도 수준은 한국에서는 2019~2020년 무렵에 이미 보편화된 기술이다.

현재 K 배터리의 최신 버전인 90%급 울트라 하이니켈 배터리의 에너지밀도는 305Wh/kg으로 기린 배터리 대비 20% 정도 더 높다. 이는 현재의 주력 K 배터리 제품이 CATL의 신제품보다 20% 더 싸고 20% 더 가볍다는 것을 의미한다. 역으로 말하면 기린 배터리보다 대략 3~4년 정도 더 앞선 기술력을 K 배터리가 갖고 있다는 것을 여실히 보여주는 자료와 다름이 없다. 이런 사실은 오히려 한국 언론과 여의도에서 지적되고 바로잡혀야 마땅했는데, CATL의 일방적인 홍보를 옮기는 데에 급급한 것을 보고 매우 안타까웠다.

기린 배터리의 대대적인 홍보가 있은 지 얼마 지나지 않은 6월 27일, CATL은 중국의 국영 증권사 국태군안증권의 주도로 8조 원 규모의 대규모 자금 조달에 성공한다. 원래 이 자금은 CATL의 북미 시장 진출을 위한 것이라는 이야기가 많았으나, 미국 IRA 법안 통과로 CATL의 북미 진출이 어려워지면서 결국 2022년 8월 헝가리의 제2 도시인 데브레첸에 10조 원 규모의 공장을 짓는 것으로 결정되었다.

유의해서 볼 것은 당시 6월 무렵에 CATL의 편입 비중이 높은 미래에셋 '타이거 차이나 전기차 솔렉티브 ETF'의 순자산이 4조 원을 넘겼다는 것이다. 이 시기에 이 ETF에 유입된 국내 투자자들의 자금은 당연히 일정 비율만큼 CATL 주식을 사는 데 쓰였을 것이고, 그 결과 CATL의 주가는 좋은 흐름을 나타냈으며 CATL이 해외 공장을 짓기 위한 8조 원 규모의 자금 조성에 일정 부분 기여했을 것이다.

다시 한 번 강조하고 싶다. '주식 뒤에는 기업이 있다.' 좋은 투자자들일수록, 성공하는 투자자들일수록 기업을 응원한다는 마음으로 주식을 산다. 한국의 이차전지 주식에 투자하면 그 돈은 대한민국의 산업이 성장하는 데 사용된다. 반면 중국의 이차전지 주식이나 ETF에 투자하면 당연히 그 돈은 중국의 산업을 융성하게 하는 데 쓰인다.

차이나 이차전지 ETF에 투자한 돈이 흐르고 흘러서 CATL이

해외 공장을 짓는 데 요긴하게 쓰이고, 그게 부메랑이 되어 한국의 이차전지 산업과 경쟁하게 되면 마치 '적군에게 총알을 공급하는 격'으로 사용되는 것이다. 하필 딱 그 무렵에 그 ETF에 그렇게 큰 자금이 어떻게 몰려들었을까. 만약 수많은 국내 투자자들이 중국 배터리의 진실을 사전에 알고 있었다면 어땠을까. 이런 생각을 하지 않을 수가 없다.

## ⚡ 왜 LFP는 중국에서만 사용되다 사라질 운명인가

마지막으로 중국 LFP 배터리의 미래에 대해 점검해보기로 하자. 2021년 10월 테슬라가 폭탄선언을 했다. "앞으로 스탠더드 레인지 모델 전기차에는 전량 LFP 배터리를 쓰겠다"는 것이다. LFP 배터리는 중국 업체가 리튬인산철을 사용해서 만드는 배터리다.

이 선언이 나오자마자 테슬라를 띄우는 데 열심인 여의도에서는 난리가 났다. 이에 따라 한국 이차전지 주식이 전반적으로 폭락했다. 당시 가장 황당했던 발언은 "테슬라가 LFP 배터리를 쓰는 걸 봐선 한국의 NCM 등 삼원계 배터리는 이제 끝났다"라는 것이었다. 테슬라를 시작으로 다른 자동차 제조사들이 너도나도 LFP 배터리 사용을 확대해 삼원계 배터리를 주력으로 하는 K 배터리는 곧 망할 것 같은 분위기였다. 그로부터 1년이 지난 지금에 와서 보면 오히려 K 배터리의 위상은 나날이 더 높아지고, LFP 배터리는 테슬라만 쓰고 있으며, 앞으로도 중국 내에서만 사용되다 서서히 사라질 것이 확실해지고 있다.

관련 기사들을 들여다보면 이미 힌트가 있었다. 가장 핵심적으로 봐야 할 부분은 테슬라가 LFP 배터리를 사용하는 까닭은 '중국 정부의 권고와 더불어' 이익을 극대화할 수 있단 판단을 내렸다는 대목이다. 테슬라가 LFP 배터리 채택을 확대한 가장 큰 이유는 중국 정부라는 것이다. 즉, LFP 배터리가 K 배터리의 주력인 삼원계 배터리에 비해 성능과 기술이 더 뛰어나서가 아님을 애초부터 명확하게 확인할 수 있다.

그럼에도 불구하고 아직도 여의도 일각에선 LFP 배터리가 가격 경쟁력을 기반으로 향후 글로벌 시장 점유율을 늘려갈 것이라는 이야기가 나온다. 반도체, K POP, K 드라마, K 배터리 등 한국의 산업들이 세계를 호령하는 데 유독 여의도 증권가만 정확한 정보를 전달하려 하지 않는 것이다. 한국의 산업이 제대로 발전하기 위해서, 그리고 장기적으로 증권 업계의 성장을 위해서도 투자자들과의 제대로 된 소통이 정말 중요하다. 그러나 이 부분의 발전은 유독 더딘 것 같다.

LFP 배터리가 중국 내부에서만 사용되다 사라질 운명이란 것은 명확하다. 하나증권 자료에 의하면 2022년 10월 기준으로 미국의 LFP 배터리 침투율은 11.7%이다. 유럽은 0.9%에 불과하다. 글로벌 LFP 배터리 침투율이 35.6%로 상당한 수준으로 보이나, 이 또한 중국 전기차 시장의 LFP 배터리 침투율이 53.3%에 이르는 '중국 착시' 효과에 기인한 바다.

K 배터리 업체들은 그간 일관되게 LFP 배터리는 전기차용으로 맞지 않으며, 향후 대세는 K 배터리 주력인 NCM 등 삼원계 배터리가 될 수밖에 없다고 주장해왔다. 하지만 도리어 국내 언론과 여의도에서만 K 배터리 업계의 주장을 의심해왔다. 여기에는 국내 기업 투자에 대한 오래된 불신도 있겠지만 상당 부분 '테슬라 우상화'가 미친 영향이 크다고 생각된다.

역시 이 문제도 에너지밀도와 관련되어 있다. 반복해서 말하지만 K 배터리 최신 모델인 울트라 하이니켈 배터리의 에너지밀도는 305Wh/kg인데 비해 중국 LFP 배터리의 에너지밀도는 165Wh/kg 수준에 불과하다. K 배터리가 85% 정도 에너지밀도가 더 높다는 것은 같은 무게일 경우 85% 더 많은 에너지를 저장할 수 있고, 이렇게 더 많은 에너지로 자동차 실내를 85% 더 키우거나, 85% 더 많은 짐을 적재하거나, 85% 더 빠르게 달리거나, 85% 더 멀리 가거나 하는 다양한 장점을 가질 수 있다.

역으로 똑같은 양의 에너지를 저장한다면 K 배터리를 사용하는 전기차는 LFP 배터리를 사용하는 자동차 대비 46% 더 가볍다는 장점을 가진다. 차체가 더 가벼워지면 그만큼 주행 성능이 좋아지고, 차체에 부담을 줄여서 더 오래 고장 없이 차량을 사용할 수 있다. 그러면서도 kWh당 배터리 가격 또한 K 배터리가 더 저렴하다. 그러니 중국 정부의 정책적 지원 아래 각종 혜택을 주는 중국 내부에서나 LFP 배터리가 많이 사용될 뿐 유럽, 미국 등 중국 외에서 LFP 배터리가 쓰일 일이 없는 것이다.

한 가지 짚고 넘어가야 할 부분은 미국의 LFP 배터리 침투율 11.7%와 관련된 내용이다. 현재 미국 전기차 중에서 LFP 배터리를 채택하고 있는 것은 테슬라의 스탠더드 모델이 거의 유일하다. 2022년 3분기 중 테슬라의 미국 전기차 시장 점유율이 65%이니 테슬라 전기차 중 스탠더드 모델의 판매 비율은 18%(11.7%/65%) 정도로 추산해볼 수 있다. 이는 어떤 이유에서든 전기차 회사가 LFP 배터리를 억지로 사용한다 하더라도, 그 판매 비중은 소비자의 선택에 의해 전체 전기차 시장의 20%를 넘기가 어렵다는 것이다. 전기차 선택에 있어 중요한 요소가 주행거리이다 보니, 에너지밀도가 낮아서 긴 주행거리 구현이 불가능한 LFP 배터리를 사용한 전기차의 가격이 비록 저렴하다 해도 소비자들이 선택하는 정도가 떨어질 수밖에 없다.

여기에다 IRA 법안 통과로인해, 중국 CATL의 LFP 각형 배터리를 사용하는 테슬라 스탠더드 모델은 2023년부터 보조금을 받지 못한다. 이는 그나마 11.7% 정도로 미국에서 명맥을 유지하던 LFP 배터리가 영영 퇴출된다는 것을 의미한다. 그러니 LFP 배터리는 중국 내에서만 사용되다가 서서히 사라질 운명일 수밖에 없다.

# 06

# K 배터리 주식,
# 10배 더
# 성장하는 이유

K-Battery

　　　　　좋은 투자는 산업의 성장 가능성에 달려
있다. 그러면 K 배터리 산업은 얼마나 성장 가능할까. 배터리 산
업을 반도체 산업에 비유하는 것이 혹시 과장된 것은 아닐까. 이
제부터 K 배터리 산업의 성장 가능성과 규모에 대해 살펴보자.


## ⚡ 사이즈가 다르다

　　　　　현재 한국 증시에서 시가총액 1위 회사
는 삼성전자다. 주당 6만 원을 기준으로 하면 삼성전자의 총액
은 360조 원 수준으로, 주당 50만 원을 기준으로 총액 120조 원인
2등 LG에너지솔루션보다 세 배 이상 높은 압도적 차이로 1위를
기록하고 있다. 그런데 3~5년 뒤 이 1, 2등 순위는 바뀔 거라고
생각한다. 2025~2027년 정도가 되면 LG에너지솔루션이 삼성전
자를 제치고 시가총액 1위에 올라선 다음 그 격차를 계속 더 벌

려갈 것으로 예상한다. 그 이유는 배터리 산업의 규모와 성장성이 삼성전자가 영위하는 반도체 산업을 압도하기 때문이다.

연간 세계 반도체 시장 규모는 600조 원 정도이다. 이 중 3분의 1인 200조 원 정도가 한국의 주력 산업인 메모리 반도체 시장의 규모다. 이 200조 원 시장의 45% 정도를 삼성전자가, 25% 정도를 SK 하이닉스가 과점하고 있다. 물론 삼성전자가 비메모리 반도체 분야도 열심히 하고는 있으나 아직까지 1위 대만의 TSMC에 비해 뒤처져 있는 것이 엄연한 현실이다.

S&P글로벌의 자회사로 영국에 본부를 둔 세계적인 시장정보 업체 IHS마킷에 의하면 이차전지 시장은 2025년경 메모리 반도체 시장 규모를 넘어설 것으로 예상된다. 이차전지 시장을 주도하는 전기차용 배터리 시장은 2021년 297GWh에서 2025년 1,400GWh로 연간 28%씩 고성장할 것으로 국제에너지기구 IEA International Energy Agency는 전망하고 있다. IEA는 2025년경에는 글로벌 전기차 판매량이 최소 1,012만 대에서 최대 1,963만 대에 달할 것으로 보고 있기도 하다.

원래 자동차 산업은 압도적으로 거대한 산업이다. 공산품 중 단일 품목으로 가계 지출 비중이 가장 높은 품목이 자동차다. 구입하는 데 한 대당 적게는 몇천만 원에서 많게는 몇억 원까지 지출하고, 운영하면서 매달 수십만 원을 연료비, 소모품비, 수리비, 보험료, 세금 등으로 지출한다. 그래서 보통 자동차 시장 규모를 메모리 반도체 시장 규모의 10배 이상으로 평가한다.

지금 세계는 기후위기 문제를 해결하기 위해 탄소 제로 사회로 가기 위한 범지구적 합의를 이미 마친 상태다. 지구에서 발생하는 탄소의 30%가 자동차를 운행하는 과정에서 나오는 만큼 내연기관차를 퇴출하지 않고 탄소 제로 사회는 실현 가능하지 않다. 지금도 많이 늦었다는 것이 과학계의 보편적 인식이다.

EU, 미국 등 선진국을 중심으로 2035년경 내연기관차 완전 퇴출이 속속 법제화되고 있으니, 결국 내연기관차는 구시대의 유물이 되고 거의 모든 자동차는 전기차로 대체될 것이다. 이때가 되면 전기차용 배터리는 1억 대×2,000만 원=2,000조 원 규모까지 시장이 커지게 될 것이고, 이는 현재 우리나라의 주력 산업인 메모리 반도체 시장의 다섯 배 이상의 규모를 갖게 된다는 것을 의미한다.

이미 자세히 설명한 바 LG에너지솔루션의 기술력은 타 업체가 따라올 수 없을 만큼 '압도적 초격차'를 갖고 있다. 이는 메모리 반도체 시장에서 삼성전자가 가지고 있는 초격차 전략과 유사하다고 볼 수 있다. 따라서 메모리 반도체 시장에서의 삼성전자의 지위를 이차전지 시장에서 LG에너지솔루션이 갖게 될 것이고, 이차전지 시장이 메모리 반도체 시장보다 압도적으로 더 크기 때문에 LG에너지솔루션의 한국 증시 시가총액 1위 등극은 예정되어 있다.

이차전지 산업은 한국의 제2의 반도체 산업인 것이다. 여러 이유로 향후 수년 동안 반도체 산업이 어려울 수밖에 없는 상황에서 반도체 시장보다 더 큰 규모의 이차전지 산업을 미래 성장 동력으로 삼아야 하는 건 이론의 여지가 없다.


## ⚡ 미국을 먹는 자가 과반을 먹는다

사이즈가 다른 이차전지 시장 내에서도 핵심이 되는 시장은 어디일까. 통상 자동차 시장 규모를 1억 대 시장이라고 할 때, 중국 시장을 2,500만 대, 미국 시장을 2,000만 대, 유럽 시장을 1,500만 대 정도로 본다. 자동차 판매 대수를 기준으로 하면 중국이 가장 큰 시장이고 미국과 유럽이 그 뒤를 잇고 있다.

그러나 전기차용 배터리 시장은 향후 미국이 가장 큰 시장이 될 것이다. 자동차 판매 대수가 더 적은 미국이 배터리 시장 규모에서는 중국보다 더 클 것으로 보는 이유가 있다. 전기차에 탑재되는 배터리의 용량 차이 때문이다.

중국에서 가장 많이 팔리는 전기차가 무엇일까. 테슬라가 아니다. 단일 모델로 중국에서 가장 많이 판매되는 전기차는 상하이GM우링의 홍광 미니다. 2021년 1~8월까지 홍광 미니는 22만

2,000대가 팔려 중국 내에선 테슬라를 넘어섰다. 홍광 미니는 대당 500만 원 정도의 저렴한 가격을 무기로 특히 중국의 젊은 소비자들을 사로잡았다. 가격이 저렴한 만큼 1회 충전 주행거리가 120km에 불과하며 탑재된 배터리 용량은 9.2kWh 수준이다.

그러면 미국 전기차 시장은 어떨까. 2021년 11월 미국의 대표적인 자동차 메이커 GM은 LG와 연합한 얼티엄 플랫폼을 세상에 내놓으면서 2025년 테슬라를 제치고 세계 1위의 전기차 메이커가 되겠다는 야심찬 계획을 알렸다. 그 GM이 얼티엄 플랫폼의 첫 번째 주자로 내놓은 것이 바로 허머EV다.

과거 이라크전쟁 때 사용했던 군용차 험비를 개량한 것이 허머의 시초다. 이 상남자다운 차량을 전기차로 전환한 것이 바로 허머EV다. 워낙 덩치가 큰 차라 탑재되는 배터리 용량도 거대해서 LG에너지솔루션의 파우치형 배터리 200kWh가 들어간다. 배터리 회사의 입장에서 보면 허머EV 한 대를 팔면 홍광 미니 20대를 파는 것보다도 더 큰 매출을 올릴 수 있는 것이다.

픽업트럭이 미국에서 얼마나 인기가 있는가. 2019년 자동차 판매조사기관 굿카배드카GoodCarBadCar가 미국 베스트셀링카 톱20을 조사한 결과, 미국에서 연간 가장 많이 팔리는 차는 포드의 F시리즈 픽업트럭이었다. 이 차는 연간 90만 대가량 팔린다. 2위와 3위도 역시 스텔란티스의 램 픽업, GM의 실버라도 픽업 등 픽업트럭이었다. 이 순위는 언제나 변함이 없다. 지난 30년간 미국 시

수많은 전기차 중에서 유일하게 전기차와 픽업트럭이 합쳐진 모델인 허머EV

장 베스트셀링 카 순위의 상위권을 모두 픽업트럭이 차지해왔다.

이는 미국인들의 라이프 스타일과 관련이 깊다. 미국은 땅이 크고 인구밀도가 낮아서 한 번에 많은 짐을 싣고 날라야 하는 이들이 많다. 픽업트럭이 유독 미국에서 가장 사랑받는 차량인 기본적인 이유다. 이런 픽업트럭은 덩치가 크고 많은 짐을 실어야 하기에 당연히 많은 양의 에너지가 필요하다. 이는 대당 탑재되는 배터리 용량이 엄청 커야 한다는 것을 의미한다.

이 세 가지 픽업트럭이 지금 전기차로 전환되고 있고, 여기에 K 배터리가 탑재되는 것은 이미 정해진 일이다. 포드 F-150 전기차에는 131kWh 용량의 SK온 NCM9 배터리가 들어간다. GM 실버라도 전기차, 스텔란티스 램 픽업 전기차에는 200kWh 용량의 LG엔솔 NCMA 배터리가 탑재된다.

전통적으로 미국 사람들은 큰 차를 선호한다. 차종으로 SUV가 가장 많이 팔리는데, 비중이 전체 시장의 50%가 넘는다. SUV도 포드의 에스컬레이드 같은 대형 SUV 종류가 월등히 많다. 우리나라에서 대형 SUV로 불리는 현대차의 펠리세이드가 미국에서는 작은 차로 취급받는다. 픽업트럭에 이어 이런 대형 SUV 자동차들도 미국에서 속속 전기차로 바뀌고 있다. 이러다 보니 미국 전기차에 들어가는 대당 배터리 용량은 커질 수밖에 없는 구조다.

이에 비해 유럽 사람들은 크기가 작은 차량을 선호하는 경향이 있다. 유럽에서 가장 많이 팔리는 전기차는 르노의 조에인데 우리나라로 치면 아반떼와 비슷한 크기의 차량이다. 당연히 배터리 탑재 용량도 54.5kWh로 미국의 대형 차량에 비해 적을 수밖에 없다. 이 용량의 배터리를 탑재한 조에의 완충 시 주행 가능 거리는 309km이며, 급속충전기를 이용하면 30분 충전으로 약 150km를 주행할 수 있다.

그런데 중국의 전기차에 들어가는 대당 배터리 탑재 용량은 유럽보다도 훨씬 더 적다. 일단 중국인들의 평균 소득이 미국이나 유럽보다 낮고, 중국이 LFP 배터리를 주력으로 생산하다 보니 에너지밀도가 낮은 LFP 배터리로는 많은 배터리 용량을 탑재할 경우 너무 무거워져 차체에 부담이 많이 간다. 그러다 보니 또 배터리 용량이 적을 수밖에 없다.

이런 이유로 대당 배터리 탑재 용량은 미국 〉 유럽 〉 중국 순서가 될 것이고, 대략 추정해보면 미국의 대당 평균 탑재 용량은 100kWh, 유럽 60kWh, 중국 40kWh 정도가 되지 않을까 예상된다. 이를 기반으로 각국 시장의 내연기관차가 100% 전기차로 전환된다고 가정하고 시장 규모를 계산해보면 미국 배터리 시장이 2TWh(100kWh×2,000만 대), 유럽 시장이 0.9TWh(60kWh×1,500만 대), 중국 시장이 1TWh(40kWh×2,500만 대)로 추정된다.

미국의 배터리 시장 규모가 심지어 유럽과 중국을 합친 것보다도 더 커질 것이라는 걸 예상할 수 있다. 결국 향후 배터리 시장의 왕좌는 미국 시장을 장악한 업체의 몫이 될 것이다. 그런데

미국의 배터리 시장 규모는 유럽과 중국을
합친 것보다도 더 커질 것이다.
향후 배터리 시장의 왕좌는
미국 시장을 장악한 업체의 몫이 될 것이다.

미국
100kWh × 2,000만 대
= 2TWh

유럽
60kWh × 1,500만 대
= 0.9TWh

중국
40kWh × 2,500만 대
= 1TWh

이 미국 시장을 K 배터리가 거의 독점에 가깝게 차지하게 될 전망이다. 우선 IRA 법안에 의해 중국은 아예 명함조차 내밀 수 없게 되었다. 일본의 배터리 기업은 사실상 파나소닉 한 회사만 있는 셈인데 파나소닉은 글로벌 자동차 회사들, 심지어 도요타, 혼다, 닛산 같은 자국 자동차 회사로부터도 철저히 외면받고 있는 상황이다. 이러니 미국 시장에 의미 있게 배터리를 제공할 수 있는 것은 K 배터리 업체들밖에 없다.

지금까지는 중국의 전기차 시장이 가장 빠른 속도로 성장했기 때문에 중국산 배터리의 시장 점유율이 K 배터리를 크게 앞섰다. 하지만 가장 큰 미국 시장이 2023년부터 본격적으로 열린다. 이 시장이 향후 빠르게 성장하면 미국 시장을 K 배터리가 장악하고 있는 만큼 글로벌 시장 점유율에서 많은 변화가 있을 것이다. 2023년을 기점으로 K 배터리와 중국 배터리의 시장 점유율 격차는 많이 좁혀질 것이고, 2024년에는 K 배터리가 중국을 넘어 1등으로 올라서게 될 것으로 예상된다. 2025년 이후에는 그 격차가 더 벌어져 2030년 무렵이 되면 K 배터리가 세계 배터리 시장을 거의 장악하게 될 여지가 크다.

왜냐하면 미국 전기차에 들어갈 배터리 시장을 차지하는 자가 세계 배터리 시장의 과반을 차지하는 것이고, 그 시장을 K 배터리가 예약해둔 상태이기 때문이다. 글로벌 배터리 시장에서 K 배터리가 선두에 설 날이 얼마 남지 않았다.

추가로 유럽 시장에서의 K 배터리 업체들의 지위도 앞으로 더 공고해질 거라는 전망이다. 최근 영국의 유일한 배터리 제조 기업인 브리티시볼트가 자금난을 견디지 못하고 파산 절차에 돌입했다. 유럽 내 유력한 배터리 셀 업체인 노스볼트는 2022년 5월부터 배터리 출하를 시작했지만, 높은 불량률을 보이는 등 수율 안정화에 어려움을 겪고 있다.

현재 영국에는 중국의 배터리 업체인 엔비전AESC가 운영하는 배터리 공장만 가동 중인데, 영국은 2030년부터 신규 내연기관차 판매를 금지하려 하고 있다. 물론 유럽의 신생업체들이 있긴 하지만 안정적인 수율을 가지게 되기까지 오랜 시간이 걸릴 것으로 추정되기 때문이다. 때문에 한국의 배터리 업체들의 유럽 점유율은 현 수준을 유지할 것은 물론 앞으로 더 큰 수주도 기대된다.

## ⚡ 혁명의 시대, 글로벌 넘버원은 더 크게 성장한다

이 책의 마지막에서 이야기할 여덟 개 K 배터리 주식들은 향후 3~5년 내에 10배 정도 상승할 것이라 예상한다. 피터 린치가 얘기하는 '10루타 종목'이 이들 주식 중에 나올 것이란 말이다.

역사적으로 새로운 성장산업이 대두하는 혁명의 시대에 성장을 주도하는 글로벌 넘버원 기업들의 주가는 통상 10배 혹은 그이상으로 장기 상승하는 경우가 많았다. 지난 30년을 되돌아보면 세계 경제에는 두 가지 혁명적 성장 산업이 있었다. 하나는 2000년 뉴 밀레니엄을 전후로 대두된 인터넷 혁명이었고, 2008년이후엔 모바일 혁명이 있었다. 그리고 향후 10년 동안에는 전기차 혁명 시대가 도래할 것이다.

전기차가 인터넷, 모바일 기술 혁명만큼의 파급력이 있을지 의문을 가질 수도 있다. 인터넷 혁명과 모바일 혁명을 비교해보면 감이 잡힐 것이다. 지난 10여 년간 빅테크Big Tech 시대의 포문을 연 것은 애플의 아이폰 출시다.

2007년 6월 애플의 스티브 잡스는 휴대폰에서 인터넷을 편하게 사용할 수 있는 아이폰을 세상에 내놓았다. 아이폰이 출시되면서 사람들은 이동 중에도 언제나 편리하게 인터넷에 연결할수 있었고, 이것이 세상을 크게 바꿨다.

기술 발전의 측면에서 보면 밀레니엄이 도래하던 무렵의 인터넷 혁명이, 그 인터넷을 사무실에 고정된 PC가 아닌 들고 다니는 휴대폰으로도 접속 가능하게 한 모바일 혁명보다 더 혁명적이라할 수 있을 것이다. 그러나 산업적, 기업적 관점에서 보면 모바일 혁명이 인터넷 혁명보다 더 큰 수준의 혁명이었다.

스티브 잡스는 아이폰을 출시하기 전 1996년에 "앞으로 세계 사람들이 어디에서나 웹을 사용하게 될 것이다"라고 예언했다. 스티브 잡스는 자신이 가장 좋아했던 "미래를 예측하는 가장 좋은 방법은 미래를 창조하는 것이다The best way to predict the future is to invent it"라는 미국의 컴퓨터 과학자 앨런 케이의 말대로 세계 사람들이 언제 어디서든 인터넷에 연결될 수 있는 스마트폰이라는 혁명적 기기를 창조했다. 스마트폰이 빠르게 보급되면서 세상은 크게 변했다. 마트에 가서 장을 보던 사람들이 스마트폰으로 장을 보고, 페이스북, 트위터, 인스타그램 등 소셜 네트워크 서비스SNS를 통해 친구를 만든다. 비디오 대여점이 모두 사라지고 공중파 방송, 유선 방송이 쇠락하면서 그 자리를 넷플릭스 등 OTT 서비스와 유튜브가 대체했다. 이제 사람들은 책을 읽지 않고 모바일 기기로 웹툰이나 웹소설을 읽으며, 전화로 자장면을 주문하던 사람들이 이제는 주문 앱을 통해 다양한 배달 음식을 시켜 먹는다.

인간은 참으로 귀찮은 것을 싫어하는 존재다. 과거 PC로 인터넷에 접속하던 시절에도 인터넷 쇼핑은 가능했고 PC로 영화를 다운로드하여 볼 수도 있었다. 그러나 인터넷으로 상행위를 하려면 책상에 앉아 PC가 부팅되는 2~3분의 시간을 기다려야 하고, 물건 주문할 때 공인인증서 인증, 카드번호 입력 등의 아주 사소한 귀찮음이 있었다.

PC로 인터넷에 접속하던 시절에도 아마존 등 전자상거래 회사들은 존재했지만, 그 시절엔 이마트 같은 대형 마트 또한 여전히 장사가 잘되었고, 점포를 계속 확대했다. PC로 인터넷을 통해 물건을 살 경우 따라오는 그 사소한 귀찮음이 온라인 상거래의 성장에 제약으로 작동했던 것이다.

그러다 휴대폰으로 전자상거래가 가능하게 되자 그 '사소한 귀찮음'이 사라졌다. 휴대폰은 각 개인이 전용으로 소유하는 물건이라 본인 인증 절차가 사라졌고, 결제 또한 아주 간편해졌다.

이렇게 되자 인터넷을 통한 전자상거래 거래 규모가 폭발적으로 성장했고 많은 수의 오프라인 점포들이 이 영향으로 쇠락하게 되었다. 이제 모바일로 상을 보고, 모바일로 옷을 사고, 모바일로 화장품을 사고, 모바일로 음식을 주문하고, 심지어는 모바일로 차를 사는 등 거의 모든 상거래가 손안에 들어가는 휴대폰 안에서 이뤄지고 있다. 이만큼 스마트폰의 등장은 혁명적으로 세상을 바꿨다.

이 모바일 혁명 시대를 주도했던 기업들이 바로 미국의 빅 테크 기업이고 바로 이 기업들의 주식이 지난 10년간 세계 증시를 주도했다. 소위 팡FAANG 주식이라 불리는 페이스북Facebook, 애플Apple, 아마존Amazon, 넷플릭스Netflix, 구글Google이 그들이다. 2008년부터 2021년까지 13년 동안 이들 팡 주식은 늘 '고평가되어 있다', '너무 많이 올랐다'는 소리를 들었지만 그럼에도 지속적으로 고점을 경신하면서 이들 주식을 장기 보유한 사람들에게 엄청난 수익을 남겨주었다.

지난 13년간 이들 주식의 상승률을 보면, 애플이 175배, 페이스북(메타)이 29배, 아마존이 218배, 넷플릭스가 400배, 구글(알파벳)이 각각 24배 올랐다. 이 기간 중 이와 연관된 국내 주식들은 어떤가. 네이버는 16배, 카카오는 42배, 삼성전자는 12배가 오르기도 했다.

결국 주가는 그 회사가 벌어들이는 매출에 따라 결정된다. 그 회사가 글로벌 혁명의 시대에 성장을 주도하고, 그에 따라 그 회사의 이익 또한 크게 성장하면 당연한 이치로 그 회사의 주가 또한 적게는 수십 배 많게는 수백 배가 오르는 것이다.

인류가 사용하는 내연기관차가 모두 전기차로 바뀌는 이 거대한 변화의 시대를 주도하는 K 배터리 핵심 회사들의 주식은 향후 3~5년 동안 엄청나게 상승할 것이다. 이미 고평가되었다는 주장도 많으나, 향후 배터리 기업들의 매출 상승을 생각하면 상승의 여지가 엄청 남아 있다. 그리고 그 매출의 성장은 이미 정해진 미래다.

전기차용 배터리는 통상 34개월 전에 결정된다. 34개월 전에 어떤 회사의 어떤 종류의 배터리, 어떤 회사의 양극재, 음극재, 전해액, 분리막 등이 얼마나 사용될지가 정해졌다는 뜻이다. 이는 향후 3~4년 뒤인 2025~2026년까지 K 배터리가 얼마나 성장할지 이미 다 확정되어 있다는 말이다. 앞으로 소개할 K 배터리

8종목의 매출과 이익 성장은 현 시점에서 이미 확정되어 있고, 그 수치는 대개 5~10배 정도가 될 것임이 현 시점에서도 확인 가능하다. 편견을 버리고 색안경을 벗고 이미 확정된 성장을 믿고 3~5년간 K 배터리의 성장과 함께한다는 마음으로 투자하면 반드시 성과가 있을 것이다.


## ⚡ 강물을 거슬러 오르는 연어 같은 기업

"대교약졸 대지약우 大巧若拙 大智若遇"라는 말이 있다. 중국 춘추전국 시대의 사상가 노자의 『도덕경』에 나오는 문구로 '아주 훌륭한 기술은 마치 서투른 것 같아 보이고, 큰 지혜는 마치 어리석은 것처럼 보인다'는 뜻이다.

주식투자를 접하게 되면 워렌 버핏이나 피터 린치 등 투자의 대가들의 이야기를 듣게 된다. 이들 대가들의 투자법은 실로 아주 단순하다. 유치원생들조차 따라 할 수 있을 정도다. 문제는 그 투자 방법이 너무 단순하다 보니 오히려 개인 투자자들은 잘 믿지 않는다. 자신이 할 수 없는 방법이라 생각한다. 그보다 더 좋은 방법이 있을 거라 생각하고 '20일 이평선이 어떻니 하는 기술적 분석', 'FRB가 내년에는 금리를 내릴 거야'라는 매크로 분석과 같은 방법을 찾다가 오히려 어려움에 처하는 일이 반복되곤 한다.

워렌 버핏과 피터 린치의 투자 방법은 이와 같다. 앞으로 10배 성장이 기대되는 기업을 발굴해 그 기업에 투자하고 10배가 오를 때까지 가만히 기다리는 것이다. 10배가 오른 이후에는 또 다시 10배가 오를 수 있을지를 냉정하게 판단한다. 만약 또 10배가 오를 수 있다면 또 기다린다. 때문에 워렌 버핏은 "10년을 갖고 갈 주식이 아니라면 10분도 갖고 있지 마라"라고 말했고, "내가 가장 좋아하는 투자 기간은 평생이다"라는 말도 한 적이 있다.

실제로 워렌 버핏은 1988년 코카콜라에 투자해 36년 동안 그대로 갖고 있었고 "죽을 때까지 팔지 않을 주식"이라고 공언한 바 있다. 이 36년 동안 코카콜라는 180배 이익이 성장했고 주가 또한 180배 상승했다. 코카콜라는 음료 산업의 최강자로서 세계에서 확고한 시장 지위를 가지고 있다. 다른 기업이 넘어올 수 없는 높고 깊은 해자를 가지고 있는 기업이다. 이 높고 깊은 해자가 여전히 유지될 것이라 생각하기에 버핏은 평생을 동반하려고 하는 것이다.

주식투자는 모름지기 이런 식이어야 한다. 높고 깊은 해자를 가진, 남들이 쉽게 범접할 수 없는 시장 지위를 가진 '위대한' 기업에 투자해서 그 기업의 성장에 내가 동업자로 동반하겠다는 마음으로 임해야 한다.

주식농부 박영옥 대표는 "주식투자에서 제일 짧은 기간은 3년이다"라는 말을 했다. 즉, 3년간 그 주식을 보유하지 않는다면 그

### 워렌 버핏의 투자법과 K 배터리

투자 역사상 가장 뛰어난 투자가로 불리는 워렌 버핏은 기업의 가치보다 낮은 가격에 투자하는 가치 투자 방식의 달인이다. 워렌 버핏은 시가총액이나 거래량이 적어 투자 매력이 떨어지지만, 미국 기업에 비해 저평가된 기업들이 한국에 많고, 특히 기업의 정보를 무료로 알 수 있는 시스템이 잘 갖춰져 있는 나라라는 점을 높이 산다.

워렌 버핏의 투자는 미국 경제에 대한 높은 신뢰를 바탕으로 하는데, 워렌 버핏과 같은 대투자자의 지지가 오히려 미국 기업에 대한 다른 투자자들의 신뢰를 만들어낸 측면도 있다. 일례로 그는 2008년 세계금융위기가 터졌을 때 "미국 주식을 매수하라. 나는 사고 있다"는 내용의 글을 언론에 기고해 투자 심리를 회복시키는 효과를 내기도 했다.

그는 '경제적 해자'가 있는 기업에만 투자한다고 말하는데, 이때 말하는 경제적 해자는 업종의 진입장벽, 브랜드, 특허, 규모의 경제 등이다. K 배터리 업체들이야말로 이와 같은 특성을 갖고 있다.

워렌 버핏은 투자에 대해 직접 저서를 낸 적은 없으나, 여러 사람들이 그의 투자 철학을 정리하여 출간해왔다. 그중 그의 며느리였던 메리 버핏과 투자분석가인 데이비드 클라크가 낸 『워렌 버핏 투자 노트The Tao of Warren Buffett』에 보면 K 배터리 투자와 관련하여 참고할 만한 지침들을 찾아볼 수 있다.

그의 성공 비결 중 하나는 탁월한 사업의 특성을 파악할 수 있다는 점이었는데, 소비자의 마음을 지속적으로 사로잡을 수 있는 경쟁 우위를 확보한 사업을 찾아내는 데 집중했다. 또한 투자 대상에 관해 잘 알지 못하면 투자하지 않았다. 불과 1~2년 전만 해도 배터리 시장에서 K 배터리 업체들에 대한 여러 오해가 만연했는데, 성장하는 산업의 핵심 기술과 기업들의 정보를 정확히 찾아보기만 해도 그와 같은 오해에 휘둘리지 않았을 것이다.

것은 투자가 아니라 투기라는 말이다. 최근 2020년 코로나 위기 이후 주식 시장이 활황일 때 투자를 시작한 이른바 '동학개미'라고 불리는 투자자들이 많다. 이 초심자들은 2020년 너무나 돈을 벌기 쉬운 장세에서 시작했기에 주식투자로 돈을 버는 것이 매우 쉽다고 착각하고 있다. 대충 사서 기다리면 20%, 30%가 올랐다. 올라서 팔고 다른 주식을 대충 사면 또 그만큼의 수익을 얻는 일이 반복되다 보니 잘못된 투자 습관을 들인 분들이 많다.

그러다가 2021년 여름 이후 증시는 하락을 시작해서 2022년 연말까지 지루한 하락장세가 이어졌다. 동학개미들이 많이 보유하고 있는 네이버, 카카오, 삼성전자, 하이닉스 등의 주식은 여의도의 '훌륭한 주식이니 기다리면 본전이 올 거예요'라는 희망고문 아래 잠깐의 반등과 긴 하락을 이어오고 있는 중이다.

이런 식으로 많은 개인 투자자들이 '비자발적 장기투자'의 길로 접어들고 있다. 이런 식으로 투자를 하는 것은 좋지 않다. 유진투자증권의 강영현 이사는 "희망은 전략이 아니다"라고 말한 바 있다. 막연히 '내가 보유한 주식이 망할 회사는 아니니까 기다리면 본전까지는 올라오겠지'하는 기도메타식 투자야말로 반드시 피해야 할 방법이다.

중요한 건 주가가 아니라 기업이다. 자신이 투자한 기업이 원래 생각했던 대로 움직이지 않는다면 현재 마이너스가 얼마이든 간에 과감히 이별하고 더 전망이 좋은 기업으로 옮겨가는 용기가 필요하다. 그렇게 판단한다면 대한민국의 이차전지 산업만큼 전망이 밝은 산업이 세계적으로도 없다. 때문에 당연히 이차전지에 대해 제대로 공부하고 K 배터리 주식 중에서도 가장 높고 깊은 해자를 가진 주식, 성장 가능성이 높은 주식에 투자해서 적어도 3~5년간은 지켜보면서 투자를 해야 한다는 것이다.

틈새 주식을 찾는 이들이 있는데, 기본적으로 한 산업을 이끄는 대장주들에 대한 이해를 필수적으로 해야 한다. 대장주는 기본적으로 하락 장세에도 가장 오래 버티고, 상승 장세면 가파르게 오르는 특징이 있기 때문이다.

가장 대표적인 예가 삼성전자다. 지난 40년간 삼성전자의 주가는 무려 1,500배가 올랐다. 1981년 61원이었던 삼성전자 주가는 2021년 1월 96,800원으로 15만 8,688%의 상승률을 기록했다. 우리나라 국민 중 삼성전자를 모르는 사람은 없을 것이고 주식 투자가 중에 많은 분들이 한두 번은 삼성전자 주식을 산 경험이 있을 것이다.

그럼에도 불구하고 삼성전자 주식으로 두 배 이상의 수익을 낸 사람들이 아주 드문 것도 사실이다. 왜 그럴까? 삼성전자 주식을 샀다가 20~30% 정도에서 짧게 이익을 보고 팔았기 때문에 그렇다. 이미 10배, 100배나 오른 주식이기에 더 이상 오르지 못할 거라고 짐작해서 그런 것이다. 또한 보유하는 도중에 향후 경기침체가 올 것 같고, 국내 증시가 하락할 것 같으면 겁이 나서

팔아버려서 그렇다.

워렌 버핏이나 피터 린치처럼 삼성전자의 경쟁력이 유지되는 한, 중간에 30% 이상 하락하고 때로 50% 이상 하락한다 해도 보유하고 있는 것이 지혜로운 일이지만, 그렇게 보유하고 있는 걸 마치 아둔하고 어리석은 일처럼 여겨 가만히 들고 있지를 못한 것이다.

물론 하락할 때 빨리 갈아타야 하는 주식도 있다. 그러나 삼성전자처럼 반도체 산업에서 글로벌 넘버원 기업은 계속 성장하는 게 당연했다. 5년이라는 기간만 두고 생각해도 당연한 일이지만, 그렇게 하기 쉽지 않은 것이다. 진리는 대개 단순하다. 다이어트에 성공하는 방법은 결국 '적게 먹고 열심히 운동하는 것'인데, 다이어트가 자꾸 실패하는 이유는 무엇일까. 첫째로는 나쁜 습관 때문이고, 둘째로는 마음이 조급해서 다른 방법을 자꾸 찾다가 오히려 부작용을 겪기 때문이다.

투자 또한 마찬가지다. 워렌 버핏이나 피터 린치는 "거시경제(매크로)가 어떻든 증시가 어떻든 상관하지 말고 훌륭한 기업을 적정한 가격에 사서 장기간 보유하라"고 말한다. 미국연방준비제도FRB가 금리를 올리든 말든, 내년 경기가 침체되든 말든, 내년 증시가 오르든 말든 상관하지 말고 이 시대에 가장 훌륭한 기업을 사서 그 기업이 성과를 내주는 3~4년은 없다고 생각하고 가만히 있으면 된다. 피터 린치는 "좋은 기업을 고르면 매크로든

한국의 반도체 산업을 이끌 것이 분명했던 삼성전자는
성장이 담보된 기업이었다. 미래의 산업 중
반드시 성장할 만한 산업에 거대한 규모로
투자하는 기업은 성공하게 되어 있지만,
많은 투자자들이 그 사실을 잊는다.

**1980년대 초반부터 현재까지 삼성전자 주가 변화**

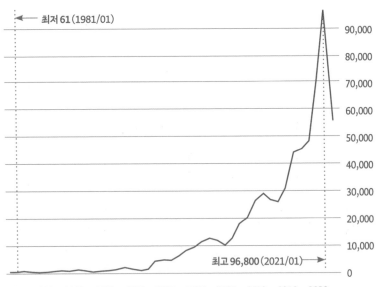

증시든 자연스레 해결된다"는 말을 한 적이 있는데 바로 이를 두고 한 말이다.

위대한 기업은 '강물을 거슬러 올라가는 연어'와 같다. 그리고 고금리, 경기침체, 증시 하락 등에도 불구하고 매년 50%, 100% 꾸준히 성장하는 회사는 있다. 2000년 들어 '닷컴 버블'이 꺼질 때의 일이다. 코스닥 지수가 엄청나게 하락했다. 2000년 7월 1,559p였던 코스닥 지수는 2004년 8월 320p로 5분의 1 토막이 나버렸다. 이런 상황에서도 빠른 성장세를 구가하는 기업이 코스닥 내에 있었을까.

당시 내가 애널리스트로 담당했던 엔씨소프트다. 엔씨소프트는 MMORPG(massive multiplayer online role playing game: 대규모 다중 사용자 온라인 롤플레잉 게임)라는 인터넷을 활용한 새로운 게임 장르를 개척한 '리니지' 게임을 내놓았고, 젊은 층이 이 새로운 게임에 열광적으로 참여하여 선풍적인 인기를 끌었다. 워낙 리니지 게임이 인기 있으니 '린 폐인'이라는 말이 나올 정도였다. 리니지는 분기에 20~30%씩 빠르게 성장했고, 이 빠른 성장세는 그대로 엔씨소프트의 고성장을 가져왔다. 코스닥 지수가 5분의 1이 될 동안 엔씨소프트의 주가는 2000년 12월 12,785원에서 2004년 10월 110,000원까지 4년 만에 아홉 배 가까이 상승했다. 당시의 엔씨소프트는 '강물을 거슬러 오르는 연어' 같은 기업이었던 것이다.

7장에 설명할 K 배터리 핵심 8종목은 2000년도의 엔씨소프트와 유사하다. 예를 들어 에코프로비엠은 분기당 이익이 최소 30%에서 최대 60%까지 빠르게 성장했는데, 이러한 추세는 2023~2025년에도 이어질 전망이다. 이는 세계 경제의 여러 어려운 요인과 별개로 이렇게 정해져 있다. 에코프로비엠의 양극재는 34개월 전에 판매가 확정되었는데, 이는 바인딩 계약Binding Contract으로 어떤 상황에서도 반드시 배터리 기업이 구입해야만

코스닥 지수 변화

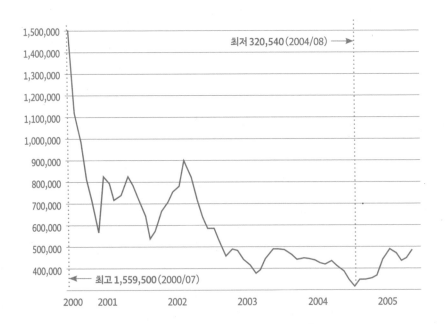

하는 의무가 부여되어 있다. 2022년 말의 시점에서 보면 에코프로비엠은 2000년 말 엔씨소프트처럼 향후 경기침체와 증시 하락에도 불구하고 빠른 성장이 예정된 '강물을 거슬러 흐르는 연어'와도 같은 기업인 것이다. 이런 기업을 두고 망설일 이유가 없다. 투자의 원리는 쉽고 단순한데 다만 그 실천이 어려울 뿐이고, 실천이 어려운 이유는 잘못된 투자 습관을 가지고 있기 때문이다.

엔씨소프트의 주가 변화

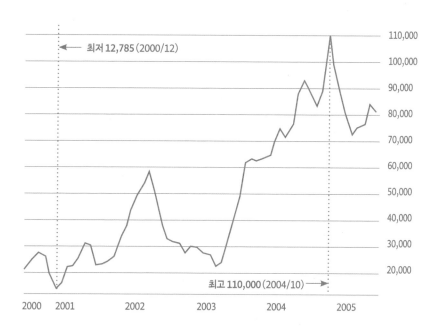

# 당신을 부자로
# 만들어줄
# K 배터리 기업

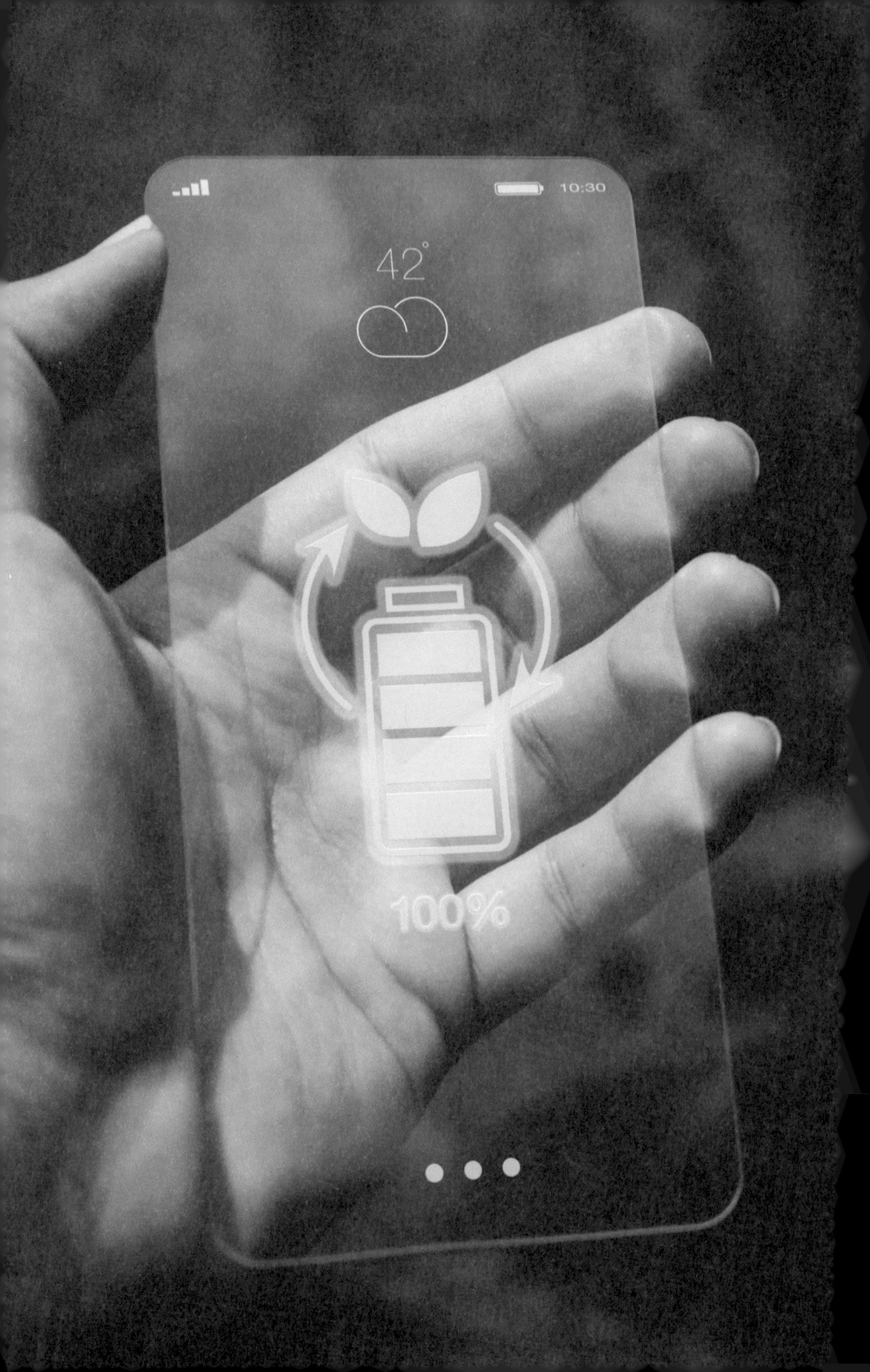
10:30
42°
100%

"산부재고 유선즉명 山不在高 有仙卽名." 산이 높다고 명산이 아니라 그 산에 신선이 살아야 명산이라는 말로 당나라 때 '시호(詩豪: 시의 대가)'로 불리던 유우석의 한시 중 한 구절이다. 기업도 이와 같다. 아무리 덩치가 큰 기업이라도 그 안에 세계 최고의 기술, 제품이 없다면 위대한 기업이 아니다. 최고의 기술, 최고의 제품을 보유해야만 '위대한 기업'이 된다. 그리고 그런 위대한 기업에 최소 3~5년 정도는 동업자로 동행해야 10배의 수익을 기대할 수 있다.

세계가 전기차 혁명의 시대를 시작하는 지금, 마침 우리나라에 '유선즉명'한 여덟 개의 위대한 기업이 있고, 이 책을 통해 소개할 수 있어 매우 영광이다. 2010년대 세계 증시를 미국의 팡 기업들이 주도했다면 앞으로의 10년은 이들 K 배터리 여덟 기업이 주도하게 될 것이다. 한국인이라면 이 절호의 기회에 동참할 수 있는 아주 유리한 위치에 서 있다. 투자 판단과 투자 결과에 대한 책임은 전적으로 본인에게 있다는 사실을 명심해야 한다. 다만

이 책이 여러분의 투자에 대한 아이디어가 되고, 스스로 깊이 있게 연구해볼 수 있는 기초 자료가 되길 바란다.

## ⚡ 배터리의 미래는 나를 중심으로
### : LG에너지솔루션과 SK이노베이션

2022년 초 여의도는 배터리 산업을 중국의 CATL과 미국의 테슬라가 주도한다는 심각한 착각을 하고 있었다. 그래서 개인 투자자들에게 차이나 이차전지 ETF와 테슬라 주식을 강력하게 매수 추천했다. 현재 그 결과는 참으로 처참하다. 그럼에도 불구하고 아직 여의도 일각에선 여전히 미련을 버리지 못하고 있는 것 같다. 안타까운 일이다. 세계 배터리 산업은 K 배터리 3사, LG에너지솔루션, SK온, 삼성SDI를 중심으로 움직인다는 명확한 사실을 제대로 인식해야 한다.

앞에서 "소위말학부수 귀이이천목자야"라는 말을 소개했다. 이는 후한 시대의 문인 장정이 한 말로, 배움의 깊이가 낮고 피상적으로 아는 사람들일수록 멀리서 들려오는 것은 귀하게 여기고 가까이 눈에 보이는 것은 천하게 여기는 사람들이 많다고 꼬집은 것이다.

여의도가 보여주었던 모습이 바로 이랬다. 이제 증권가가 투자를 추천하는 방식도 바뀌어야 한다. 제대로 공부해야 한다. 대충 들려오는 이야기를 믿고 테슬라가 전기차 시장, 나아가 자율주행 시장을 완전히 장악할 것처럼 SF 같은 이야기를 앞서 퍼뜨리고, CATL이 세계 최고의 기술력으로 글로벌 배터리 시장을 석권할 것처럼 말했던 과거를 되돌아보아야 한다. 여의도는 정말더 깊이 파고드는 공부가 필요하다. 제대로 공부하면 절대 테슬라와 CATL이 배터리 시장을 주도하게 될 것이라는 생각을 할 수가 없다.

앞서 전기차용으로 가장 좋은 배터리 폼팩터는 파우치형이라는 사실을 살펴보았다. 파우치형 배터리는 배터리셀을 감싸는 케이스가 비닐 같은 재질이라 아주 가볍다. 부피가 적고 게다가 가격도 저렴해서 자동차용 이차전지로는 가장 우수한 폼팩터다. 문제는 파우치형은 화재와 외부 충격에 취약한 형태여서 만들기가 원통형, 각형에 비해 훨씬 어렵다. 게다가 제조공법과 관련한 다수의 특허, IP를 LG에너지솔루션이 미리 확보하고 있어, 이 기술들을 피해서 만들기도 매우 어렵다. 즉, 파우치형 배터리 산업은 가격과 품질 면에서 장점이 많지만 기술적 진입장벽이 견고해 후발 배터리 업체가 뛰어들기 어렵다.

이렇듯 높고 깊은 기술적 해자를 가진 파우치형 배터리를 만들 수 있는 업체는 세계에서 딱 두 개 회사밖에 없는데 하나는 LG에너지솔루션이고 다른 하나는 SK이노베이션 안에 물적 분할

되어 비상장 상태로 존재하는 SK온이다.

파우치형 배터리가 전기차용으로는 가장 우수한 형태라는 데는 이론의 여지가 없다. 그러나 파우치형 배터리의 시장점유율은 2022년 1분기 기준 20.8%에 불과했다. 각형 배터리가 63.6%, 원통형 배터리가 15.6%를 점유했다. 혹자들은 이 점유율을 근거로 파우치형 배터리보다 각형 배터리 산업이 더 성장할 것이라 말하는데 이러한 점유율이 나오는 이유는 다음과 같다.

우선 중국의 CATL, BYD가 각형 배터리밖에 만들지 못하는데, 60% 수준의 전기차 점유율을 중국이 차지하고 있는 '중국 착시' 효과를 감안해야 한다. 물론 향후 원통형 배터리와 각형 배터리도 일정 부분 시장점유율을 가질 것이다. 그 이유는 자동차 제조사와 배터리 업체 간의 주도권과 관계가 있다. 파우치형 배터리는 비정형 형태여서 차량별 맞춤 형태로 제작되기 때문에 특정 자동차 모델에서 일단 파우치형 배터리를 선택할 경우 그 모델이 단종될 때까지 최초 납품한 배터리 회사 것만 계속 사용해야 한다. 이 경우 자칫 자동차 제조사가 배터리 회사에 종속될 수 있다는 리스크가 생긴다.

반면에 원통형 배터리나 각형 배터리를 선택할 경우, 이는 표준화시켜서 여러 배터리 회사에 물량을 나누어 납품을 받을 수 있다. 이 경우에는 자동차 제조사가 여러 배터리 회사를 상호 경쟁시키면서 주도권을 가질 수 있게 된다.

그래서 파우치형 배터리를 선택하는 자동차 제조사들은 배터리 회사에 종속될 위험을 줄이기 위해 자동차 제조사와 배터리 회사 간 공동사업체, 합작법인, 조인트 벤처를 설립하는 형태로 대안을 찾고 있다. LG와 GM의 합작법인 얼티엄셀즈, SK와 포드의 합작법인 블루오벌SK가 이런 대표적 사례이다. 이런 움직임에 스텔란티스, 혼다 등의 기업도 속속 참여하고 있다.

이에 비해 합작법인과 같은 형태를 지향하지 않고 표준형 모델을 제시해 공급처를 나눔으로써 주도권을 놓지 않으려 하는 자동차 제조사들도 있다. 원통형 배터리를 채택한 테슬라가 대표적이고, BMW는 차세대 플랫폼으로 46XX 원통형 배터리를 채택하려 하고 있다. 폭스바겐, 벤츠 등 유럽의 자동차 제조사들도 주도권 유지를 위해 각형 배터리나 원통형 배터리를 여전히 고집하고 있다. 각형과 원통형 중에서 어떤 폼팩터의 배터리가 더 점유율이 높아질까. 각형과 원통형 배터리 중에는 46XX 원통형 배터리 시리즈의 영향으로 원통형이 서서히 각형 배터리의 점유율을 잠식할 것으로 예상된다.

그러나 이런 현상은 LG에너지솔루션의 배터리 산업에 전혀 위협이 되지 않는다. LG에너지솔루션은 명실공히 세계 최고의 배터리 회사다. 현재는 시장점유율에서 CATL이 1위이나 2~3년 안에 LG에너지솔루션이 그 자리를 차지할 것이 확정되어 있다. CATL의 1위는 중국 정부의 비호와 중국 전기차 시장의 급격한 성장에 따른 일시적 착시 효과인 반면, 기술 측면, 수주 잔고에서 LG에너지솔루션이 앞선다. 글로벌 자동차 제조사들 중 거의 대부분이 LG에너지솔루션의 고객사인 면에서도 LG에너지솔루션의 1위 등극은 '따놓은 당상'이다.

LG에너지솔루션은 두 가지 측면에서 큰 강점이 있는 기업이다. 첫째, LG화학이라는 전통적인 화학 회사에서부터 시작했기에 기술의 기초가 아주 탄탄한 회사라는 점이다. 모회사 격인 LG화학이 양극재, 음극재, 전해액, 분리막, CNT 도전재 등 다양한 배터리 기초 소재 기술을 확보하고 있기 때문에 기술 자립도가 아주 높다. 특히 양극재는 배터리 원가의 50%를 차지하는 아주 중요한 소재로, 배터리의 성능을 결정적으로 좌우하는 '소재 중의 왕' 위치에 있다. LG에너지솔루션이 이 양극재를 계열인 LG화학으로부터 안정적으로 조달받을 수 있다는 것이 결정적인 장점이다.

전기차를 만드는 회사가 배터리를 만들지 않는 한 그저 껍데기를 만드는 데에 불과하다는 지적이 있듯이, 배터리 회사 또한 양극재를 직접 생산하지 않는 한 그저 껍데기를 만드는 데에 불과하다는 지적이 존재한다. 그런데 세계 배터리 회사 중 유일하게 LG에너지솔루션은 모회사 LG화학을 통해 자체적으로 양극재를 해결할 수 있다.

둘째, 파우치형과 원통형 두 가지 폼팩터를 다 생산할 수 있다는 장점이 있다. 파우치형 배터리를 원하는 제조사에겐 파우치형을, 원통형 배터리를 원하는 고객에겐 원통형을 공급함으로써 다양한 고객 니즈에 대응이 가능하다. 그 결과 글로벌 톱10 자동차 브랜드 중에서 무려 아홉 개 회사가 LG에너지솔루션의 고객이다. 이런 강점을 바탕으로 2022년 말까지 확정된 LG에너지솔루션의 수주 잔고는 380조 원에 달한다. 2022년 예상 매출액이 20조 원을 갓 넘는 수준인 걸 감안하면 현 매출액의 무려 19배에 달하는 미래의 매출을 이미 확보해놓은 셈이다. 정말 어마어마한 성장세가 기대되지 않을 수 없다.

LG에너지솔루션은 삼성전자가 메모리 반도체 산업에서 차지하는 높은 시장 지위를 배터리 산업에서 차지하고 있다. 2026~2027년경이면 배터리 시장 규모가 메모리 반도체 시장 규모를 넘어설 것으로 예상되는 만큼, 그때쯤이면 LG에너지솔루션이 삼성전자를 제치고 대한민국 시가총액 1위를 차지할 수 있다. 물론 중국의 '안방 호랑이'에 불과한 CATL도 멀찍이 따돌리게 될 것이다.

SK이노베이션은 LG에너지솔루션에 비하면 많이 뒤처지는 회사다. 그럼에도 현 시점에서 투자 가치는 분명 있다. 그 이유는 실력에 비해 너무 저평가되어 있다는 점이다. 2022년 12월 21일을 기준으로 LG에너지솔루션의 시가총액은 112조 원(477,000원 기준), 삼성SDI는 44조 원(634,000원 기준)인데 비해 물적 분할된 비상장 자회사 SK온을 100% 보유한 SK이노베이션의 시가총액은 15조 원(165,500원 기준)에 불과하다. 이는 SK이노베이션의 정유 사업 부문의 가치밖에 안 되는 것으로 세계 2위의 배터리 회사 SK온의 가치는 사실상 제로에 가깝게 평가받고 있는 셈이다.

SK온의 가치가 여의도에서 전혀 인정받지 못하는 것은 크게 두 가지 이유인 것 같다. 첫 번째는 물적 분할에 대한 반감이고, 두 번째는 아직 배터리 사업에서 영업이익을 내지 못하고 있기 때문인 것 같다. 2022년 1월 LG화학에서 물적 분할한 LG에너지솔루션이 상장하면서 심각한 수급 교란을 가져왔는데, 이러한 과정에서 시장과의 소통이 많이 부족했다. 때문에 많은 투자자들이 물적 분할이라는 말만 나오면 경기를 일으키는 지경에 이르렀다.

그러다 보니 LG에너지솔루션에 이어 물적 분할한 SK온에 대해 좋은 감정을 갖지 않게 되고, 그것이 저평가의 이유가 된 것 같다. 그러나 감정은 감정일 뿐이다. 미운 감정이 든다고 해서 엄연히 훌륭한 가치가 있는 기업의 가치를 낮게 보는 것 또한 온당치 않은 것 같다. 시간이 지나면 시장이 제대로 평가할 날이 있을 것이다.

두 번째로 SK온이 현재 영업이익을 내지 못하고 있는 것은 배터리 사업 고유의 '수율' 문제 때문이다. LG에너지솔루션이 과거 폴란드 현지에 공장을 짓고 정상 수율을 잡는 데 무려 4년이 걸렸다. 이와 똑같은 이치로 SK온 역시 헝가리에 새로 공장을 짓고 수율을 잡는 초기라 이익이 안 나는 것은 당연하다. 시간이 지나면 결국 수율을 잡게 될 것이고, 그렇게 되면 자연스레 영업이익이 나는 구조로 바뀔 것이다. 아마 늦어도 2023년 1분기엔 흑자 전환으로 돌아설 것으로 보이고, 1~2년 후에는 10% 내외의 영업이익률이 충분히 가능할 것이다.

SK온의 가장 큰 강점은 가장 우수한 폼팩터인 파우치형 배터리 생산이 가능한 유이唯二한 회사란 점이다. 분명 LG에너지솔루션이 여러모로 가장 우수한 배터리 회사지만, 그렇다고 LG에너지솔루션 혼자 시장을 독식할 수는 없다. 이는 메모리 반도체 시장에서 삼성전자가 압도적 경쟁력을 갖고 있어도, 시장을 독점하진 않고 SK하이닉스, 마이크론 등 3~4개 회사가 과점 형태로 존재하는 것과 마찬가지다. SK온은 메모리 반도체 시장에서 삼성전자를 견제하는 2인자인 SK하이닉스와 유사한 형태가 될 가능성이 많다. 실제로 글로벌 톱10 OEM(주문자 상표 부착 생산) 브랜드 중에서 LG에너지솔루션이 아홉 개 회사와 거래 관계가 있고, 그다음이 SK온이다. SK온은 폭스바겐, 포드, 현대, 기아 네 회사와 거래 관계를 맺고 있다. 특히 포드와의 관계를 눈여겨볼 필요가 있다.

GM이 LG와 아주 친밀한 관계이다 보니 GM과 100년이 넘는 앙숙인 포드는 자존심 문제 때문이라도 LG와는 거리를 둘 수밖에 없다. 그렇다면 선택할 수 있는 파트너는 SK온뿐이다. 포드는 SK온의 아주 중요한 고객으로 향후 많은 양의 배터리를 합작법인 블루오벌SK를 통해 선주문한 상태다. LG엔솔의 2022년 말 수주 잔고가 380조 원인데 비해 SK온의 수주 잔고는 200조 원에 달한다고 한다.

좀 더 자세하게 살펴보자. 통상 SK하이닉스의 시가총액 수준을 삼성전자 시가총액의 1/4~1/5 정도로 보는 것이 적정하다고 한다. SK온의 적정 시가총액 또한 이런 이치로 LG에너지솔루션의 1/4~1/5 수준으로 보는 게 맞을 것이다. 그렇다면 SK온의 적정 가치는 현재 LG에너지솔루션 시가총액 112조 원을 기준으로 하면 22~28조 원 정도로 보는 게 적정할 것이다. 이 가치가 현재 SK이노베이션 주가에는 전혀 반영되어 있지 않으므로 그만큼 투자가 유망하다 할 수 있다. 실제 최근에 진행된 프리IPO(향후 몇 년 내 상장을 약속하고 일정 지분을 투자자에게 매각해 투자금을 유치하는 방식)에서 SK온의 가치는 22조 원으로 평가받기도 했다.

이 장에서 추천하는 K 배터리 종목 여덟 개 안에 들어가지는 않지만 삼성SDI도 훌륭한 회사다. 다만 전기차용 이차전지 개발에 다소 늦은 감이 있다. LG에너지솔루션과 SK온이 빠르게 고객사를 확보할 동안 삼성SDI는 원래 고수익을 누려오던 전동공구용 원통형 배터리에 치중하고 전기차 분야에선 BMW 외엔 큰 고객이 없는 상태다.

그러다 보니 현 시점에서는 LG에너지솔루션, SK온에 이어 3등 업체인데 여의도의 평가는 그렇지 않다. 혹자는 LG에너지솔루션보다 더 나은 회사로 평가하기도 한다. 이는 좀 과도한 평가라 생각한다. 주식에서는 훌륭한 기업인 것도 중요하지만 시장에서의 평가 정도도 중요한데, SK온이 심각한 저평가를 받는 반면 삼성SDI는 그렇지 않다는 점을 고려했다. 다만 46XX 원통형 배터리가 전기차용 폼팩터로 새롭게 각광받기 시작하면서 삼성SDI도 큰 사업 기회를 잡은 것은 사실이다. 중국의 CATL, 일본의 파나소닉도 46XX 원통형 배터리 개발에 뛰어들었다고는 하나 업계에서 들리는 소식으로는 양 사의 46XX 원통형 배터리 개발이 원활하지 않다고 한다. 그렇다면 46XX 원통형 배터리 개발을 빠른 시일에 해낼 기업은 우리나라의 LG에너지솔루션과 삼성SDI 두 회사밖에 없다. 이런 측면에서 삼성SDI의 앞날도 무척 밝다고 할 수 있겠다. 추후 삼성SDI가 46XX 원통형 배터리와 관련하여 가시적 사업 성과를 거둔다면 추천 종목 아홉 개 중 하나로 들어갈 수 있겠다.

## ⚡ 양극재는 우리 손에

### : 에코프로비엠, LG화학, 포스코케미칼

　　　　　　　배터리 기업에 대한 투자를 묻는 이들에게 항상 하는 말이 있다. "소재는 양극재만 보면 된다." 워렌 버핏이 투자하는 '높고 깊은 해자'를 가진 회사, 세계적인 기술과 제품을 가지고 있는 회사, 즉 신선이 사는 명산에 해당하는 회사는 배터리 산업에서 울트라 하이니켈 양극재라는 초격차 기술을 가진 회사들이다. 바로 대한민국의 양극재 4대 천왕, 에코프로비엠, LG화학, 포스코케미칼(현 포스코퓨처엠), 엘앤에프가 그들이다.

　그 외에도 많은 이차전지 소재 회사들이 있다. 양극재 외에도 음극재, 전해액, 분리막, 동박 등을 다루는 다양한 기업들이 있고, 또 해당 분야에서 훌륭한 성과를 거두고 있는 기업들도 많이 있다. 하지만 그럼에도 불구하고 양극재 4대 천왕 기업에 집중하라고 하는 이유는 '초격차 기술'의 존재 유무 때문이다.

　이 4대 천왕 기업은 울트라 하이니켈 등 다양한 양극재 기술력을 보유하고 있고, 그것이 K 배터리의 초격차 기술력의 가장 근원이다. 이 양극재 부문에서는 4대 천왕은 벨기에의 유미코아, 일본의 스미토모메탈마이닝 등 전통적인 양극재 업체들을 기술력으로 압도한다. 중국 양극재 회사들과 비교하는 일은 두말 할 필요도 없다. 이에 비해 다른 소재들은 우리가 다른 나라를 압도적으로 앞서고 있다고 보기 어렵다.

우리나라에서 가장 큰 분리막 업체인 SK아이이테크놀로지는 일본의 아사히카세이에 비해 기술적으로나 규모 면에서나 압도적으로 앞선다고 보기 어렵다. 우리나라 동박 1위 업체 SK넥실리스(SKC의 자회사)도 일본과 중국 업체에 대비해 초격차를 갖고 있지는 않다. 대한민국 내에서 1위로는 부족하고 세계 1위여야만 한다. 배터리 소재 분야에서는 압도적인 세계 1위가 바로 한국의 양극재 4대 천왕이고, 이 위치는 앞으로도 상당 기간, 적어도 3~5년은 유지될 수밖에 없기 때문에 양극재 업체만 보라고 하는 것이다.

개인적으로 양극재 4대 천왕 중에서 엘앤에프를 제외한 나머지 세 기업인 에코프로비엠, LG화학, 포스코케미칼을 추천한다. 여의도에서는 엘앤에프가 가장 기술력이 좋다고 하며 또 많이 추천하기도 한다. 그런데 왜 엘앤에프만 제외하는지 의문을 가질 수 있다. 이것부터 설명하고자 한다.

2021년 말, 2022년 초 엘앤에프가 여의도의 집중 조명을 받았던 이유는 테슬라 직접 납품 때문이었다고 할 수 있다. 당시 여의도에서는 테슬라가 4680 배터리 내재화에 당연히 성공할 것이고, 이를 바탕으로 배터리 시장마저 테슬라가 장악할 수 있을 것으로 생각했다. 여의도 일각에서는 테슬라가 10GWh에서 시작해서 2025년 100GWh, 2030년에는 3TWh까지 배터리 생산량을 빠르게 늘릴 수 있을 것이라는 주장도 있었다. 만약 이 일이 성사된 다면 엘앤에프에게는 엄청나게 큰 성장 기회가 아닐 수 없다. 테슬라의 최대 파트너로서 대량의 테슬라 직납 물량을 수주할 수 있을 테니 말이다.

문제는 지금 테슬라가 4680 배터리 내재화에 철저히 실패하고 있다는 것이다. 테슬라를 바라보던 엘앤에프로서는 중요한 수주 물량이 나오지 않게 되었다. 이는 엘앤에프의 경영 리스크로 작용할 수밖에 없다. 때문에 현 시점에서는 엘앤에프를 추천하기 어렵다. 그러나 엘앤에프의 전망을 어둡게 보지는 않는다. 엘앤에프도 울트라 하이니켈 기술을 보유한 세계에서 단 네 개의 회사 중 하나다. 때문에 테슬라가 아니더라도 더 좋은 파트너를 쉽게 구할 수 있을 것이다. 그 계획이 구체화되면 엘앤에프도 추천주 목록에 포함될 수 있을 것이다.

엘앤에프를 제외한 다른 업체들 중에서 가장 먼저 에코프로비엠을 살펴보자. 에코프로비엠은 명실상부한 세계 최고의 양극재 회사다. "이차전지는 경험산업이다"라는 말이 있는데, 양극재 분야에서 가장 많은 경험을 보유한 회사가 바로 에코프로비엠이다. 에코프로비엠이 전기차용 이차전지 양극재 사업에 처음 뛰어들었을 때가 2004년이다. 20여 년간 양극재 분야라는 한우물을 판 것이다. 하나의 양극재를 만들기 위해서는 최소 1만 번의 실패와 10여 년의 기간이 걸린다고 한다. 에코프로비엠이 2007

배터리의 핵심 소재인 양극재. 양극재는 수산화리튬과 전구체 등을 섞어서 만든다.
K 배터리는 세계 최고의 양극재 4대 천왕 기업이 이끌고 있다.

년 제일모직으로부터 양극재 사업권을 넘겨받아 본격적으로 개발에 나서고, 이후 양극재 사업에서 흑자를 내기까지에는 무려 12년 4개월이 걸렸다고 한다.

거듭된 실패로 자금을 계속 투여하는 데 비해 도대체 성공 가능성이 보이지 않는 일을 무려 12년 4개월 동안 시도하고 실패하고, 시도하고 또 실패하는 과정을 되풀이한다는 것이 얼마나 힘들었을까. 쉽게 상상이 안 된다. 이때의 고통을 두고 에코프로비엠 권우석 대표는 지옥과도 같았다고 회상했다. 세계 최고의 양극재 회사는 이런 고통 위에서 탄생했다.

에코프로비엠의 가장 큰 강점은 삼원계 양극재의 양 축인 NCM과 NCA 두 가지 양극재를 모두 생산할 수 있다는 것이다. NCM과 NCA는 각각의 장단점이 있다. 통상 NCA는 순간 출력과 안정성이 높아서 특히 전동공구용에 적합하다고 알려져 있다. NCM은 장수명(기능을 그대로 유지하면서도 사용 기간이 긴 것) 특성과 고용량화에 용이해 전기차에 더 적합하다고 한다. 대개 양극재 회사는 NCM이나 NCA 중 하나에 특화되어 있지, 양쪽을 다 다루는 회사는 에코프로비엠이 거의 유일하다.

업계에서는 NCM보다 NCA가 더 만들기 까다로운 기술이라 한다. 그런데 이 NCA 양극재 기술을 가진 회사는 에코프로비엠 외에는 일본의 스미토모메탈마이닝 정도가 유일하다. 대개의 배터리 회사들은 전기차용 이차전지용으로 NCM 양극재를 사용한

## 전고체 배터리

현재 스마트폰, 전동공구, 전기자전거, 전기차 등에 사용되는 리튬이온 배터리는 양극, 음극, 분리막, 전해질로 구성된다. 이때 사용하는 전해질은 액체 상태다. 반면 전고체 배터리는 전해질이 액체가 아닌 고체 상태인 배터리를 말한다.

리튬이온 배터리는 액체 전해질을 사용하다 보니 온도 변화로 인한 배터리의 팽창이나 외부 충격에 의한 누액 등 배터리 손상 시 위험성이 존재한다. 때문에 안전성을 높이기 위한 부품이나 장치들이 필요하다.

이에 반해 고체 전해질을 사용하는 전고체 배터리는 구조적으로 단단해 안정적이며, 전해질이 훼손되더라도 형태를 유지할 수 있기 때문에 안전성을 높일 수 있다.

전기차가 내연기관차를 완전히 대체하려면 현재의 내연기관차와 비슷한 수준의 주행거리를 구현해야 하는데, 이는 배터리 용량과 절대적으로 관계가 있다. 배터리의 용량을 키우기 위해 배터리 개수를 늘리는 방법이 있지만 배터리의 가격과 공간 효율성 등의 문제가 있다.

개수를 늘리지 않으려면 에너지밀도를 높여야 하는데, 전고체 배터리는 리튬이온 배터리에 비해 에너지밀도가 높다. 폭발이나 화재의 위험성이 적기 때문에 안전성과 관련된 부품들을 줄이고 그 자리에 배터리의 용량을 늘릴 수 있는 활물질을 채우기 때문이다.

이에 전고체 배터리가 차세대 배터리로 주목받고 있는데, 아직은 초기 단계지만 각 업체에서 전고체 배터리 상용화를 위한 기술 개발에 나서고 있다. 한국에서는 삼성SDI가 특히 전고체 배터리 기술 개발에 주력하고 있다.

다. LG와 SK도 NCM을 사용한다. 이에 비해 삼성SDI는 NCA를 사용하고 그 외 일본의 파나소닉 정도가 NCA를 사용하고 있다. 이는 에코프로비엠 입장에선 다양한 매출처를 확보할 수 있다는 것을 의미한다. 우선 NCA를 쓰는 삼성SDI는 에코프로비엠에 의존할 수밖에 없고, NCM을 사용하는 SK온에도 대량의 양극재를 공급하고 있다.

에코프로비엠의 또 다른 장점은 울트라 하이니켈 외에도 다양한 형태의 미래 양극재 후보를 대량 만들어놓고 있다는 것이다. 코발트가 아예 제외된 코발트 프리 양극재, 니켈의 함량을 줄이고 저렴한 망간을 높여서 가격 경쟁력을 강조한 하이망간 양극재, 건식공법에 대응하기 위한 단결정 양극재, 삼성SDI가 현재 파일럿 라인을 생산 중인 전고체 배터리에 들어가는 고체 전해질 등이 그것이다.

즉, 미래에 필요한 다양한 먹거리를 대량으로 준비해놓고 있다. 이렇듯 다양한 개발 라인을 가지고 있는 것은 이동채 회장의 독특한 혜안이 작용했기 때문이다. 이동채 회장은 당장 개발해야 할 양극재 물질에 연구 조직 다수를 투입하는 것 외에 경험이 많은 연구원 한 명과 신참 보조 연구원 한 명, 이렇게 딱 두 명을 한 팀으로 만들어서 미래에 혹시 쓰일지도 모르는 신제품 개발에 10년 동안 연구하라는 특명을 따로 내린다. 그와 같은 소수 인원으로 이뤄진 10년 동안의 연구 중 몇 개는 성공하게 되고, 그것이 새로운 먹거리로 커지는 선순환이 가능해지도록 미리부터 준비했던 것이다.

두 번째로 살펴볼 곳은 LG화학이다. LG화학의 가장 큰 강점은 LG에너지솔루션을 자회사로 갖고 있다는 점이다. 2022년 12월 시점으로 LG화학은 LG에너지솔루션의 지분 81.82%를 갖고 있다. 이 시장가치만 92조 원에 달한다. 그런데 LG화학의 시가총액은 44조 원에 불과하다. 즉, LG화학은 보유 중인 LG에너지솔루션 주식 가치의 48%밖에 평가받고 있지 않다. 통상 이중상장에 따른 자회사 할인율 50%를 적용한다고 하더라도 그조차도 안 되는 시가총액인만큼, 지금 LG화학을 산다면 LG에너지솔루션의 지분 가치 외에 나머지 LG화학의 전통화학사업, 생명공학사업, 무엇보다도 중요한 양극재 등 이차전지 소재 산업을 함께 가지게 된다는 뜻이다. 이보다 더 좋을 수 없다.

앞서 말한 것처럼 배터리를 만들지 않는 전기차 회사는 껍데기를 만드는 것에 불과하고, 양극재를 만들지 않는 배터리 회사 또한 껍데기를 만드는 것에 불과할 수 있다. 양극재가 배터리 원가의 절반을 차지하기 때문이다. 그런데 LG에너지솔루션은 LG화학이라는 우수한 양극재 업체를 내부에 In-House 가지고 있는 것이다. 당연히 향후 LG에너지솔루션이 만드는 배터리에 LG화학 양극재가 들어가는 비중이 높아질 수밖에 없다. 실제로 LG그룹은 LG화학의 양극재 사용 비율을 장기적으로 50% 이상으로 높이려는 계획을 가지고 있다. LG에너지솔루션이 세계 최고의 배터리 회사로서 향후 시장을 장악하게 된다면 LG화학의 양극재 사업 또한 크게 성장할 수밖에 없다. 게다가 LG화학은 양극재 외에도 다양한 이차전지 소재 기술을 보유하고 있다. 음극재, 전해액, 분리막, 도전재 등으로도 향후 시장 진출이 활발해질 것이고, 그 수요처는 당연히 LG에너지솔루션이 될 것이다.

실제 LG화학은 2022년 6월 분리막 시장의 강자인 일본 도레이와 50:50 분리막 제조 합작법인을 설립해 2027년까지 연간 8억㎡ 규모의 생산 능력을 확보할 예정이다.

세 번째로 살펴볼 곳은 포스코케미칼이다. 포스코케미칼의 가장 큰 강점은 이차전지 광물, 원재료와 관련된 확고한 밸류 체인을 갖고 있다는 점이다. 2022년 8월 미국 IRA 법안 통과에 따라 이차전지 광물과 소재 확보가 무엇보다 중요해졌다. 리튬, 니켈, 흑연, 전구체 등의 자원을 중국 이외의 지역에서 독자적으로 확보해야만 북미 보조금을 받을 수 있게 되었는데, 이 분야에서 가장 강점을 가진 것이 바로 포스코그룹이고, 그 혜택을 포스코케미칼이 직접 받고 있다.

이러다 보니 안정적인 자원 확보를 위해 LG그룹과 SK그룹, 미국의 GM과 포드 모두 포스코케미칼에 손을 내밀고 있다. 기업 간의 관계로 볼 때 LG에너지솔루션에 납품을 하면서 경쟁 관계인 SK온에도 제품을 공급을 하는 것이 쉽지는 않다. 당연히 기존 고객인 LG에너지솔루션 입장에서는 껄끄러운 일이기 때문이다. 그럼에도 불구하고 LG와 거래를 하면서도 SK와도 거래가 가능한 것은 포스코그룹이 원자재를 확보하고 있기 때문이다. 즉, 리튬, 니켈 등 원자재를 확보하는 쪽이 '갑'이란 사실을 여실히 보여주는 사례라 할 것이다. 이런 이유로 이차전지 소재 분야의 절대 갑 포스코홀딩스의 든든한 지원을 받고 있는 포스코케미칼의 미래 성장 전망은 무척이나 밝아 보인다.

## ⚡ 작지만 강한 기업: 나노신소재

다음으로 살펴볼 기업은 나노신소재ANP: Advanced Nano Products이다. 나노신소재를 꼽는 이유는 무엇일까. 2022년 3월 국내 대표 전기차 전시회인 'xEV 트렌드 코리아 2022' 사무국은 성인 남녀 2,098명을 대상으로 전기차 선호도에 대한 설문조사를 실시해 발표했다. 이 설문조사 문항 중에 "전기차 구매 시 가장 큰 고려 사항은?"이라는 질문이 있었다.

소비자들은 주행거리를 29%로 가장 중요하게 생각했고, 그다음이 21%가 응답한 충전기 설치였다. 차량 가격은 18%로 3위를 차지했다. 가장 중요하다고 응답한 주행거리는 1회 충전 시 얼마만큼 주행 가능한가라는 것인데, 이 문제는 양극재와 관련이 있

전기차 수요의 핵심은 결국 주행거리에 달려 있는데,
다음으로 중요한 것이 바로 충전 문제다.
충전은 배터리 사업 중 음극재 분야와 관련이 있다.

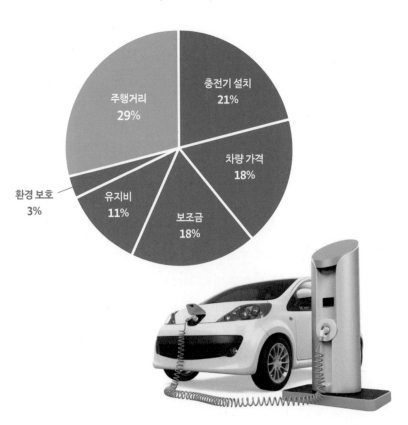

전기차 구매 시, 가장 큰 고려 사항은?

주행거리
29%

충전기 설치
21%

차량 가격
18%

보조금
18%

유지비
11%

환경 보호
3%

다. 그래서 소재 중에서는 양극재만 보라는 것이기도 하다.

두 번째로 중요하게 생각하는 '전기차 충전' 부분은 음극재와 관련되어 있다. 보다 정확히 말하면 충전 속도를 높이기 위해서는 흑연으로 구성된 음극재 안에 실리콘의 함량을 높이는 기술이 필요하다. 그러다 보니 실리콘 음극재 기술이 차세대 중요한 배터리 기술로 대두되고 있다. 이 실리콘 음극재에서 나노신소재의 CNT 도전재 기술이 부각되고 있다.

2000년에 설립된 나노신소재는 2011년 2월에 코스닥에 상장되었다. 나노신소재가 가진 CNT 도전재 기술은 덴트라이트 Dendrite 현상과 관련이 있다. 음극재에 실리콘 함량을 높이면 충전 속도가 빨라지고, 에너지밀도가 향상되는 장점이 있다. 문제는 덴트라이트 현상이다. 덴트라이트는 배터리 충전 과정에서 음극 표면에 쌓이는 나뭇가지 모양의 결정체로, 수지상결정이라고도 한다.

덴트라이트가 생성되면 리튬이 음극과 양극을 이동하는 것을 방해해 배터리의 성능이 저하되고 분리막이 훼손되어 화재를 일으키기도 한다. 이로 인해 배터리 수명과 안전성이 떨어지는 문제가 생긴다. 이를 해결하는 데 필요한 것이 바로 CNT(탄소나노튜브) 도전재다. 이 분야에서 세계 최고의 기술력을 가지고 있는 회사가 바로 나노신소재다.

CNT 도전재는 현재 두 가지 형태가 있다. 멀티월multi wall CNT

와 싱글월single wall CNT가 그것이다. 멀티월 CNT와 비교하면 싱글월 CNT 기술이 훨씬 어렵다. 그러다 보니 싱글월 CNT 가격은 멀티월 CNT의 20배에 달한다고 한다. 현재 양극재 쪽에 주로 쓰이는 멀티월 CNT 분야에 나노신소재 외에도 LG화학, 한솔케미칼, 동진쎄미켐 등 다수의 기업이 참여하고 있다.

그러나 싱글월 CNT는 나노신소재가 세계에서 거의 유일하게 독점 생산하고 있다. 앞으로 이차전지와 관련된 신기술이 발전할 분야가 실리콘 음극재 쪽인 것은 명확하다. 그렇다면 이 분야에서 글로벌 독점 기술력을 보유한 기업이 당연히 주목받아 마땅할 것이다.

이 CNT 소재는 배터리와 관련된 내용 중에서 아직 많이 알려지지 않았다. 솔직히 이 CNT 분야에 대해 자세히 설명할 수 있을 만큼의 실력은 없다. 그러나 분명히 성장 가능성이 매우 큰 분야인 만큼 관련 자료를 찾아보면 좋을 것이다.

이와 관련해 유안타증권의 이안나 연구원이 2022년 11월 15일 발간한 「전지에 전지를 무는 이야기: 당신이 궁금해하는 모든 것」이라는 리포트가 있다. 여기에 담긴 내용 중에 CNT와 관련하여 주요한 내용은 대략 다음과 같다.

- **CNT 소재는 파우더 기술만큼 분산제 기술도 중요하다. CNT 소재 자체의 뭉침 현상을 막지 못하면 도전재의 역할을 하지 못하기 때문이다.**

- 멀티월 CNT 분산제 기업은 일본의 도요잉크, 한국의 나노신소재, 중국의 일부 기업이 있다.
- 싱글월 CNT 기업은 글로벌 기준으로 나노신소재가 유일하다.
- 분산재는 멀티월 CNT 대비 싱글월 CNT가 100~150% 높은 가격에서 거래되고 있어 음극뿐만 아니라 양극까지 적용이 확대된다면 외형적인 성장폭이 더 커질 것이다.

나노신소재에 대해 더 확신을 가지고 투자하기 위해서는 반드시 이 리포트를 구해서 정독해보실 것을 추천드린다.

나노신소재는 CNT 도전재 생산 능력이 계속 늘어날 전망이다. (출처: 나노신소재)

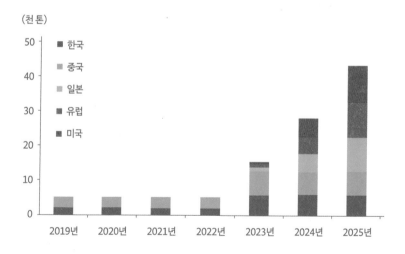

## ⚡ 원자재를 지배하는 자: 에코프로, 포스코홀딩스

　　　　　　　이차전지는 광물 의존 산업이다. '리튬이온' 배터리이기 때문에 무엇보다 리튬이 가장 중요하고, 양극재에 들어가는 니켈과 코발트도 중요하다. 그 외 알루미늄, 구리, 흑연, 망간 등 많은 광물이 필요하다. 배터리 업체가 세계 최고 기술력의 제품을 개발했다 한들 광물 및 소재를 공급받지 못하면 아무 쓸모가 없다. 그래서 갑을 관계를 볼 때 소수의 배터리 회사가 전기차 제조사에 비해 갑의 위치에 있고, 더 소수의 울트라 하이니켈 양극재 업체가 배터리 제조사에 갑이고, 광물과 소재를 확보한 회사가 '갑 중의 갑'의 위치에 있다.

　　그런데 이 사실을 일각에서는 'K 배터리는 광물 및 소재를 전적으로 중국에 의존하고 있기 때문에 중국 배터리의 상대가 안 된다. 그러니 차이나 이차전지 ETF에 투자하라'는 소리로 바꾸어 말하는 사람들이 있다. 그런 이야기를 들을 때마다 매우 씁쓸하다. 아무리 실적이 중요하다 해도, 국가 경제의 미래와 관련된 문제를 저렇게 다뤄도 되는 것인가 하는 생각이 든다.

　　이차전지 산업은 향후 미래에 가장 중요한 산업이 될 것이다. 때문에 정부에서도 이차전지 산업을 제2의 반도체 산업으로 키우겠다고 하는 것이다. 이미 광물 의존도 부분의 문제에 대해서도 K 배터리 업체들이 얼마나 대비를 잘하고 있는지를 앞에서 살펴보았다. 꼭 그런 사실을 모른다고 하더라도, 아무리 돈에는 국적이 없다고 하지만, 그래도 우리 공동체에 대한 애국심이 조금이라도 있다면 '함께 힘을 모아 광물과 소재 분야에서 중국의 의존도를 벗어날 방법이 무엇일까?'를 먼저 고민하고 돌파구를 찾는 데에 힘을 합쳐야 하지 않을까. 광물, 소재의 중국 의존도 문제를 인지하고 이를 해결하기 위해 열심히 노력하고 있는 우리 기업을 찾아 응원하고, 그 기업의 동업자가 되어 힘을 보태야겠다고 생각하는 게 맞지 않을까.

세계 모든 배터리 업체들이 광물 의존도 문제를 공통으로 겪고 있다. 그리고 이를 해결하기 위해서 이미 다른 나라들은 국가적 차원에서 고민하고 있다. 중국이 가장 대표적이다. '일대일로' 정책에서 보듯이 중국은 세계 곳곳의 이차전지와 관련된 광물과 소재를 장악하는 데 일찍부터 나섰고, 이를 통해 경제적 패권을 쥐려고 하고 있다.

이 문제에 대해 심각하게 여기는 것은 한국 기업만이 아니라, 미국과 유럽도 마찬가지다. 그래서 나온 것이 미국의 IRA 법안이다. 유럽도 마찬가지다. EU 집행위원회는 2023년 1분기 중에 중요 광물 원자재 공급망 확보를 위한 '핵심원자재법 CRMA Critical Raw Materials Act' 입법안을 발표할 예정이다.

EU는 2030년까지 주요 광물 원자재 수요가 500%까지 급증할 것으로 전망하는데, 마그네슘, 희토류 등 일부 품목의 경우 중국

의존도가 높다. 코로나로 인한 공급망 교란, 우크라이나-러시아 전쟁으로 인한 초유의 에너지 위기를 겪었기에, 에너지 산업에 대한 중요성을 심각하게 인식하고 있다. 미국 IRA 법안처럼 노골적인 차별 조항이 포함될 가능성이 없다고 보기도 한다. 하지만 향후 배터리 혁명 시기를 살아가야 하는 주요 강대국이라면 누구나 이와 같은 노력들을 우선할 수밖에 없다. 그간 중국이 좌우해온 광물 통제의 영향권을 줄이는 데 모두가 노력하고 있다.

유럽의 CRMA 법안까지 통과되면 중국의 광물, 소재 장악은 장기적으로 무력화될 것이다. 그러면 어떻게 될까. 중국을 대체해서 광물과 소재를 조달할 수 있는 업체가 엄청난 사업적 우위를 확보할 수 있을 것이다.

문제는 이런 광물 및 소재 확보에 많은 시간이 소요된다는 점이다. 지금 시작한다고 해서 당장 확보할 수 있는 것은 아니다. 당연히 미리 미래를 내다보고 준비한 '혜안이 있는' 기업이 절대적 우위를 가질 수밖에 없는데, 그 두 회사가 바로 에코프로와 포스코홀딩스다.

2021년 10월 에코프로는 '에코배터리 포항 캠퍼스' 준공식을 가졌다. 이날 준공한 '에코배터리 포항캠퍼스'는 2017년부터 포항 영일만 산업단지 내 33만㎡(약 10만 평) 부지에 1조 7,000억 원을 투자한 프로젝트로, 배터리 양극재 전 주기 시스템을 구축하는 프로젝트다.

이차전지의 핵심 소재인 리튬부터 양극재 전 단계인 전구체, 양극재, 이후 폐배터리 리사이클까지 배터리 산업의 전 주기를 아우르는 풀 밸류체인Full Value Chain을 완성하는 것이다.

2017년만 해도 대기업인 LG조차 원재료는 값싼 중국산을 쓰는 것을 당연하게 생각할 때였고, 지금처럼 광물과 소재가 배터리 산업의 핵심 경쟁력으로 부각될 것이라고 아무도 예상하지 않았다. 이 무렵에 지방의 중소기업에 불과했던 에코프로가 앞으로 광물과 소재가 중요해지는 시대가 도래할 것이라는 선견지명을 가지고, 당시 에코프로의 덩치로는 조달하기 어려운 규모의 자금인 1조 7,000억 원을 마련해서 원재료부터 리싸이클까지 다 아우르는 이차전지 생태계 조성에 나선 것이다. 정말 대단한 일이 아닐 수 없다.

에코프로그룹의 구성을 보면, 지주사 에코프로 아래에 글로벌 최고의 양극재 회사 에코프로비엠이 있고, 그 외에도 보석 같은 자회사들이 다수 포진하고 있다. 먼저 라틴아메리카 등에서 저순도의 탄산리튬을 들여와 자동차용 고순도 수산화리튬으로 전환하는 에코프로이노베이션이 있다. 에코프로머티리얼즈는 양극재의 전 단계인 전구체를 생산하는 회사로, 국내 최대의 생산 규모를 자랑한다. 폐배터리 리사이클 사업을 담당하는 에코프로 CNG도 현재 국내에서 가장 큰 규모로 사업을 진행하고 있다. 그럼에도 에코프로비엠이 10조 원 정도의 시가총액인데 비해 에코프로그룹의 지주사이며 에코프로비엠의 지분을 50% 정도 보유한 에코프로는 고작 3조 원 정도의 시가총액에 불과하다. 이런 기업의 동반자가 되는 것이 얼마나 큰 부를 가져다줄지는 너무 쉽게 예상되지 않는가.

포항에 에코프로 캠퍼스가 있다면 광양에는 포스코 캠퍼스가 있다. 2017년 에코프로가 포항에 배터리 풀 밸류체인을 건설하는 것을 지켜본 포스코그룹은 이 모델을 그대로 벤치마킹하여 거의 유사한 형태로, 다만 규모는 더 키워서 광양에 풀 밸류체인을 건설했다. 좋은 것을 제대로 알아보고 그것을 모방하는 것도 지혜이며 용기라고 볼 때 포스코그룹의 이 사업은 정말 그 가치를 인정받아야 마땅한 일이라 하지 않을 수 없다. 포스코그룹의 정점에 있는 회사는 바로 포스코홀딩스다.

앞에서 자원 확보와 관련한 포스코그룹의 사업을 살펴본 바 있다. 현재 배터리 사업을 진행하고 있는 3대 그룹 LG, SK, 삼성은 모두 그룹 내에 광물 및 소재를 담당할 수 있는 기업이 없다는 약점을 갖고 있다. 미국의 IRA 법안과 EU의 CRMA 법안 때문에 앞으로는 광물, 소재의 자체 확보 없이는 이차전지 사업을 제대로 영위하기 어려운 상황에 직면했다.

이러다 보니 이들 그룹은 광물, 소재 사업을 미리 준비한 포스코홀딩스와 에코프로에 손을 내밀 수밖에 없다. 특히 포스코홀딩스가 보유한 아르헨티나 움브레 무에르토 염호와, 염호에서

이차전지 산업을 주도하는 K 배터리 업체들은
다양한 공정 과정에서 우위를 차지하기 위해
미리 준비해왔다. 에코프로의 경우
본인들이 구축하고자 하는 이차전지 생태계를
이와 같이 준비하고 있다.

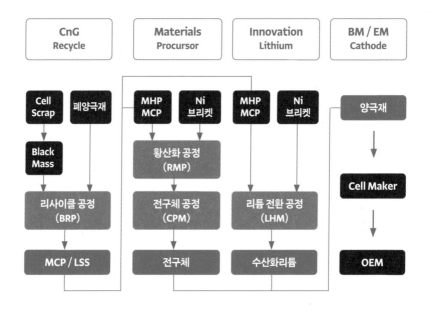

( 출처: 에코프로 홈페이지)

포스코홀딩스의 지배구조는 다음과 같다.
철강, 이차전지 관련 소재, 리튬과 니켈, 수소,
에너지, 건축과 인프라, 식량 자원과 관련된
바이오 산업이 포스코그룹의 성장 비전이다.

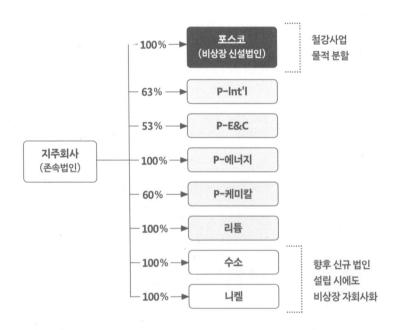

리튬을 추출하는 기술이 포스코홀딩스에 '슈퍼 갑'의 지위를 부여하고 있다.

2022년 11월 하나증권은 비철금속 담당 박성봉 연구원, 석유화학 담당 윤재성 연구원, 이차전지 담당 김현수 연구원이 공동 연구한 「더 라스트 퍼즐The Last Puzzle: 공급망 재편 속 수직 계열화의 힘」이라는 제목의 보고서를 출간했다. 이 보고서에는 국내 배터리 업체마다 주요 소재의 내재화를 어떻게 하고 있는지, 각 소재에 대한 투자는 어떤지에 대한 현황 보고가 들어 있다.

이 보고서는 이차전지 산업에서 광물부터 배터리 생산, 폐배터리 재활용까지 연결되는 밸류체인을 심도 깊이 분석해 수준이 높다. 배터리 산업에 투자하려는 이들은 꼭 한번 읽어보시기를 권유한다. 이 보고서를 보면 한국 이차전지 밸류체인 전반에 대한 이해의 폭이 깊어질 거라 확신한다.

이 보고서도 말하고 있지만, 향후 10년간 이차전지 산업이 글로벌 성장을 주도할 것임은 의심의 여지가 없다. 이런 성장 산업에서 '기술 지배력'을 바탕으로 글로벌 넘버원 위치에 있는 여덟 개의 한국 기업을 살펴보았다.

모바일 혁명 시대에 주식 시장을 주도했던 것은 미국의 '팡'으로 대표되는 빅테크 기업이었고, 이들 주식을 갖고 있느냐의 여부가 지난 10년의 투자 성과를 가르는 결정적 요소였다. 이들 빅테크 기업에 투자하기 위해 미국 시장에 투자하는 붐이 불었고,

국내 배터리 업체의 주요 소재 내재화 및 지분 투자 현황이다. 이를 보면 K 배터리 산업의 수직 계열화가 이미 많이 진전되었음을 알 수 있다.

| | | LG에너지솔루션 | 삼성SDI | SK온 |
|---|---|---|---|---|
| 양극 | 광물 채굴 | 강봉리튬<br>TIANDI리튬<br>라이사이클<br>퀸즐랜드퍼시픽메탈스 | 에코프로<br>강봉리튬 | 에코프로<br>레이크리소스 |
| | 광물 정제련 | 화우코발트 | | |
| | 전구체 | 고려아연 | 에코프로 | 에코프로 |
| | 양극재 | LG화학 | 에코프로<br>STM | 에코프로<br>BTR |
| | 리사이클링 | 고려아연 | 에코프로 | 에코프로 |
| | 도전재 | LG화학 | | |
| | 실리콘 | LG화학 | | |
| | 도전재 | LG화학 | | SK머티리얼즈 |
| | 음극박 | 고려아연 | | SKC |
| | 분리막 | LG화학 | | SK아이이테크놀로지 |
| 전해액 | 리튬염 | 엔켐 | | |

(출처: 하나증권)

폐배터리 재활용 산업은 2050년 600조 원까지
확대될 전망이다. 이제 배터리 기업들은
자원 확보에서부터 폐배터리 재활용까지 연결되는
생태계를 구축하는 데 주력하고 있다.

'서학개미'라고 부르는 이들이 등장했다.

그러나 이제 빅테크가 폭발적으로 성장하는 시대는 끝났다. 앞으로 10년은 K 배터리의 시대가 될 것이다. 과거 10년이 그랬던 것처럼 앞으로 10년은 K 배터리 핵심 8종목을 보유하고 있느냐 그렇지 않느냐로 투자 성과가 결정될 것이다.

유튜브나 방송 등에서 항상 하는 말이 있다. "벌면 제 덕이고, 잃으면 여러분 탓입니다." 이 책도 마찬가지다. 이 책을 보고 K 배터리 기업에 투자해 3~5년간 동행하여 수익을 거두게 된다면 그건 제 덕이다. 반면 만에 하나 손해를 보게 됐다면 그건 온전히 여러분 탓이다. 갑자기 왜 비겁한 소리를 하느냐고 생각하실 수 있다.

투자자는 보호의 대상이 아니라 책임의 주체이기 때문이다. 주식 투자에서 최종 결정은 투자자 본인에게 있고 그 결정에 대한 책임 또한 온전히 투자자 본인의 몫이다. 이 책을 읽고 투자해서 큰 수익을 얻는다 해서 그 이익을 저에게 줄 일이 없는 것처럼, 손실을 보신다 해서 제가 물어드릴 수도 없는 일이다. 벌어도 당신 돈, 잃어도 당신 돈인만큼 신중히 생각해 결정할 일이다.

사실 저는 나름의 확신이 있다. 이들 기업이 앞으로 평균적으로 10배 가까이 오를 것이라고 믿는다. 때문에 나부터가 여러분들께 권고했던 그 방법 그대로 이 책에 나오는 8종목 중 일부를 포트폴리오 형태로 투자한 다음, 2025년 12월 31일까지는 절대 팔지 않고 그대로 들고 가겠다는 약속을 드린다.

여러 유튜브와 방송에서 말씀드린 바와 같이 이미 그렇게 하고 있다. 앞으로도 추가 매수는 하겠지만 3년 동안 절대 팔지 않겠다고 맹세하겠다. 만일 제 판단이 틀려서, 여러분들이 조언을 믿고 투자했는데 손실을 보셨다고 하면 물어드릴 수는 없지만 대신 함께 울어드릴 수는 있을 것이다. 조언한 대로 저도 그렇게 투자하고 있으니 말이다.

요즈음 많은 이들이 "한국 증시는 장기 투자하면 안 된다"는 말을 너무 쉽게 한다. 과연 그런가. 그런 말을 하는 분들이 과연 장기 투자를 하는 분들일까. 대개 수익을 낼 수 있는 종목은 너무 일찍 팔고, 그렇지 않은 종목은 물리는 바람에 '비자발적 장기 투자'를 하는 경우가 많다.

투자 습관이 잘못됐는데, 이를 두고 한국은 장기 투자하면 안 된다며 국내 증시와 국내 기업을 탓해서는 안 될 것이다. 이 책이 권유한 대로 K 배터리의 성장에 동참하여 '진짜 장기 투자'로 성공하시길 바란다. 그리하여 "한국 증시는 장기 투자하면 안 된다"고 했던 이들의 콧대가 납작해지는 날이 오길 바란다. 이 책으로 인해 한국이 미래 산업을 주도하는 시대를 여는 데 도움이 되고, 국내 증시가 양질화 되는 데 소중한 모범 사례가 만들어질 수 있다면 더 이상 바랄 바가 없겠다. 신의 가호가 함께하기를.

## 참고 문헌

「The Last Puzzle: 공급망 재편 속 수직 계열화의 힘」

박성봉 · 윤재성 · 김현수 지음, 하나증권, 2022. 11. 8

세 명의 애널리스트들이 공동으로 작성한 보고서로, 배터리 산업이 가진 광물 의존도로 인한 리스크를 해결하기 위해, 소재 내재화에 나선 국내 기업들의 현황을 분석하고 있다. 이 외에도 각 기업들이 경제 권역별로 공급망을 구축하는 진략과 자본력 확보 전략이 어떻게 진행되고 있는지에 대한 내용도 담고 있다.

「전지에 전지를 무는 이야기: 당신이 궁금해하는 모든 것」

이안나 지음, 유안타증권, 2022. 11. 15

이 보고서에는 미국, 유럽이 배터리 산업에서 '탈중국' 기조를 강화하는 내용 등이 담겨 있다. 이 중 3부에서 '눈여겨보아야 할 배터리 기술?'로 실리콘 음극재 적용 기술을, '투자 포인트'에서 최선호주로 나노신소재를 소개하고 있다.

『수소전기차 시대가 온다』

권순우 지음, 가나출판사, 2019.

이 책은 머니투데이의 권순우 기자가 2018년 초부터 집중 취재한 국내외 수소전기차 산업에 대한 내용을 담고 있다. 한국의 수소전기차 기술력이 일본에 이어 세계 2위라는 사실에서부터 왜 수소전기차에 대한 국내 여론들이 우호적이지 않은지에 대한 내용을 담고 있다.

『배터리의 미래: '자원의 한계'를 넘어 지속가능한 소재를 찾아서』
M. 스탠리 워팅엄·거브랜드 시더·강기석·최장욱 지음, 이음, 2021.

2018년 고 SK그룹 최종현 회장의 20주기를 맞아 출범한 최종현학술원의 '과학혁신 국제 심포지엄'의 내용을 묶어낸 책이다. 주로 리튬이온 배터리에 대한 내용을 담고 있으며, 2019년 노벨화학상을 수상한 M. 스탠리 워팅엄을 비롯해 배터리 분야의 최고 연구자들이 집필에 참여했다.


『배터리 전쟁: 리튬부터 2차 전지까지, 누가 새로운 경제 영토를 차지할 것인가』
루카스 베드나르스키 지음, 안혜림 옮김, 위즈덤하우스, 2023.

세계적 시장분석 및 금융서비스 기업 S&P글로벌의 배터리 분야 수석 애널리스트 루카스 베드나르스키가 쓴 책이다. 세계 배터리 산업에서 각 대륙의 나라들이 어떤 경쟁 관계에 놓여 있는지를 다루고 있다.

김정운(문화심리학자), 유현준(건축가)이 추천하는
내 삶에 미적 감각을 더하는 새로운 교양 수업

# 심미안 수업

어떻게 가치 있는 것을 알아보는가

윤광준 지음

"이제 아름다움을 살펴보는 눈을 키운다"
미술부터 건축에 이르는 6개의 강의

새로운 경제 사이클의 시작, 어떻게 대응할 것인가
"이 책부터 읽고 시작하라"

# 대한민국
# 위기와 기회의 시간

## 뉴사이클에 맞는 생존 전략 배우기

선대인 지음

김현철, 염종순, 윤석천, 이종우 등
대한민국 경제 고수들의 강력 추천!

똑같은 제품도 색을 바꾸면 매출이 10배로 달라진다
성공과 행운을 부르는 색의 비밀을 말하다

사람의 욕망을 움직이는 10가지 색의 법칙

# 위닝 컬러

이랑주 지음

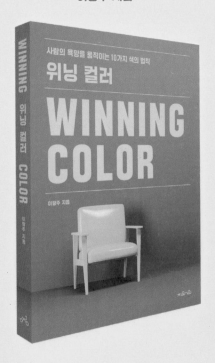

인간 의사결정의 85퍼센트를 좌우하는 컬러의 힘!
강신장 대표, 켈리 최 회장 추천!

대기업 CEO부터 경영 전문가, 창업 컨설턴트까지
입을 모아 추천하는 마케팅 분야의 바이블

THE NEW

# 좋아 보이는
# 것들의 비밀

보는 순간 사고 싶게 만드는 10가지 법칙

이랑주 지음

"이 책을 읽고 나면 모든 것이 다르게 보이기 시작한다"
북모닝 CEO 최다 조회 강의

이미지 출처

022 www.thoughtco.com ｜ 030 Grzegorz Czapski/ Shutterstock.com
044 craftmuseum.seoul.go.kr ｜ 059 Albert Knapp/ Alamy Stock Photo
120 Grigvovan/ Shutterstock.com ｜ 123 spectrum.ieee.org

K 배터리 레볼루션

초판  1쇄 발행 2023년 2월 20일
초판 21쇄 발행 2023년 9월 5일

지은이  박순혁
펴낸이  김보경
편집    김지혜
마케팅  권순민
디자인  박대성
제작    한동수

펴낸곳  지와인
출판신고 2018년 10월 11일 제2018-000280호
주소 (04015) 서울특별시 마포구 포은로 81-1, 에스빌딩 201호
전화 02)6408-9979 FAX 02)6488-9992 e-mail books@jiwain.co.kr

ⓒ 박순혁, 2023
ISBN 979-11-91521-22-1  03320